恋爱的艺术

Art

Love

珍爱网研究院 ◎ 著

长江出版传媒 | 长江文艺出版社

图书在版编目（CIP）数据

恋爱的艺术 / 珍爱网研究院著.—武汉：长江文
艺出版社，2023.4
ISBN 978-7-5702-2773-0

Ⅰ.①恋… Ⅱ.①珍… Ⅲ.①恋爱—通俗读物 Ⅳ.
①C913.1-49

中国版本图书馆CIP数据核字（2022）第128830号

恋爱的艺术
LIANAI DE YISHU

责任编辑：高田宏　刘　璐　　　　责任校对：毛季慧
装帧设计：李红艳　　　　　　　　责任印制：邱　莉　王光兴

出版：长江出版传媒 | 长江文艺出版社
地址：武汉市雄楚大街268号　　　邮编：430070
发行：长江文艺出版社
http://www.cjlap.com
印刷：北京润田金辉印刷有限公司

开本：880毫米×1230毫米　1/32　印张：8.5　插页：1页
版次：2023年4月第1版　　　　2023年4月第1次印刷
字数：212千字

定价：39.80元

目　录

01

爱情是什么：
因人而异，却有章可循

1.1 爱情三角理论：亲密、激情、承诺构建完整爱情

徐小姐今年28岁了，还没有谈过恋爱。看到别人谈恋爱时的甜蜜举动，她很羡慕，但有男士向她表达好感时，她又觉得很困惑，质疑对方是不是真的爱她。徐小姐认为那些男士和她没怎么相处过，并不真的了解她，他们嘴上说的爱并不真实。她希望自己能拥有一份"真正的爱情"，但又说不出真正的爱情是什么。

古往今来，不少人由衷地感慨：问世间情为何物，直教生死相许。在现代生活中，人们对于爱情的理解各不相同。有人说，爱情是甜蜜与性；有人说，爱情是门当户对与海誓山盟；还有人说，爱情是票子、车子和房子……那么到底什么是爱情呢？

早在20世纪时，美国心理学家罗伯特·斯滕伯格（Robert J. Sternberg）就提出了"爱情三角理论"，也被称为"爱情成分理论"。斯滕伯格认为，爱情包括三种成分：亲密（Intimacy）、激情（Passion）及承诺（Commitment）。

"亲密"是指伴侣之间心灵相近、彼此契合、互相归属的感觉。两个人必然要经过长久的相处，对彼此投入了感情，才会有亲密的感觉，所以它属于爱情中的情感成分。

"激情"是指强烈地渴望与伴侣结合的倾向。我们和伴侣之间的关系是浪漫的，这段关系会使我们产生强烈的吸引和被吸引的感觉。例如我们觉得对方很漂亮，很吸引我们，和对方在一起做什么都很快乐，我们就会去追逐、创造这样的快乐，所以激情属于爱情中的动机成分。

"承诺"可以分短期承诺和长期承诺两个部分来看。爱情的产生和发展需要时间，两个人在最开始可能是陌生的，需要去接触、认识对方。当我们决定去爱对方，想和对方在一起时，是对将来一段时间做出的承诺，也就是短期承诺。在经过一段时间的了解之后，我们不仅现在想和对方在一起，还希望能一辈子和对方在一起，这就是长期承诺。承诺是我们想和对方在一起的想法和信念，所以它属于爱情中的认知成分。

斯滕伯格认为，爱情的这三种成分缺一不可，它们如同三个角支撑着爱情这个三角形。爱情三角形的形状与大小（爱情质量）会因为其中含有成分的增减而有所不同，通过观测爱情的成分，我们可以判断两个人的爱情是否能够健康、长久。

每个人的爱情表现都不尽相同。斯滕伯格根据上述三种成分的存在情况，列出了如下七种爱情表现方式。

第一种：喜欢式爱情。

喜欢式爱情即只有亲密、没有激情和承诺的感情，例如友情。在朋友阶段，我们和对方的友情并没有达到爱情的程度，但这种感情有可能发展成爱情。

【珍爱案例】

刘小姐和陈先生相亲时，发现对方原来是"熟人"，他们住在一栋楼里，一个住在楼上，一个住在楼下，两个人以前经常在电梯里遇见。他们感觉彼此还挺有缘分的，加上兴趣爱好也差不多，有话题可聊，便经常约着一起去玩。但不知道怎么回事，相处一段时间后，两个人好像变成了"哥们儿"，虽然相处融洽，却没有恋爱时那种心动的感觉。

分析：刘小姐和陈先生能够和谐相处、有话聊、经常一起玩，说明他们之间有亲密。但他们没有强烈地渴望与对方结合的想法和表现，说明他们之间没有激情。没有激情的火花，两个人也没有要跟对方做男女朋友、进行表白、结婚之类的想法，也就没有承诺。所以他们属于喜欢式爱情。我们在现实生活中可能会遇到某个相处融洽的异性，但就是少了点"感觉"，不能达到情侣的程度，这缺少的一点"感觉"可能就是激情。

第二种：迷恋式爱情。

迷恋式爱情即只有激情、没有亲密和承诺的感情，这是一种受到本能欲望牵引和控制的感情。

在影视作品中，我们经常可以看到一些"游戏人间"的男女在和异性相处时，并不会过多地投入时间和感情，他们看到外貌、身材出众的异性，就想追求对方，这就是受到本能欲望控制的行为。他们并没有和对方进行深入了解和亲密相处，更没有对于未来的承诺。

第三种：空洞式爱情。

空洞式爱情即只有承诺、缺乏亲密和激情的感情。

例如：在封建社会时，很多青年男女在婚前没有接触、了解过对方，甚至没有见过对方，就凭"父母之命，媒妁之言"与对方缔结了婚姻关系；在当今社会，一些青年男女迫于年龄、社会舆论、家人等方面的压力，在没有经过充分了解，甚至不是很喜欢对方的情况下，就随便找个人过日子；还有一些夫妻在感情破裂了之后，为了给孩子一个完整的家而勉强维持婚姻关系，这些都是只有承诺、缺乏亲密和激情的空洞式爱情。

第四种：浪漫式爱情。

浪漫式爱情即只有激情和亲密、没有承诺的感情。这种爱情中的双方重视过程，不在乎结果。当今社会中，有些年轻人只想要享受恋爱时的甜蜜，不想被婚姻束缚，认为婚姻是爱情的"坟墓"。他们和伴侣之间那种"不追求天长地久"的感情，就是浪漫式爱情。

【珍爱案例】

徐小姐，26岁，追求精神层次的恋爱，喜欢玩，常说"人生在世，最重要的是玩得开心"，一有时间就计划着出去旅游。她和28岁、年轻有为的付先生认识后，发现两个人有很多共同话题，便开始交往了。之后两个人还一起去过很多地方玩，相处得非常愉快，双方都很享受这段恋爱的甜蜜与美好感觉。然而半年后付先生向徐小姐求婚时，徐小姐却迟疑了。她只想谈恋爱，不想进入"爱情的坟墓"，觉得两个人就这样继续交往下去挺好的。

分析：对于徐小姐来说，她和付先生之间有激情，也有亲密，但她只想谈恋爱，不愿意天长地久的爱情态度却使她不想和对方相伴一生，这就是感情中缺少了长期承诺因素的结果。

第五种：伴侣式爱情。

伴侣式爱情即只有亲密和承诺、没有激情的爱情。

如很多夫妻彼此相伴多年，婚姻关系看起来"四平八稳"，但双方之间只有权利和义务而没有丝毫激动兴奋的感觉，处于激情退去，仍然葆有亲密和承诺的状态，他们之间的感情就属于伴侣式爱情。

【珍爱案例】

韩女士，离异未育，性格较为独立，想寻找一个"懂"她的男士。

刘先生，离异、育有一子，经济稳定，单位同事都评价其为"老好人"。

韩女士说，两个人见面后感觉都挺好，也聊得来，不过他们的约会内容只是吃吃饭、看看电影，因此总感觉少点激情，没有恋爱的感觉。这样不温不火地交往了3个月后，两个人准备结婚。他们表示，虽然相处过程中缺少了一点激情，但感觉对方就像自己的亲人一样，是个很好的"搭伙过日子"的人选。

分析：韩女士和刘先生相处和谐，也已决定相伴一生，如果能在生活中多制造一些浪漫的事，多进行一些情感的表达，应该可以为两个人的感情增添一些激情。

第六种：愚蠢式爱情。

愚蠢式爱情即只有激情和承诺，没有亲密的爱情。如在当今社会的快节奏影响下，一些人在没有充分了解对方的情况下，就选择了"闪婚"，双方很可能在婚后出现很多摩擦，从而导致感情破裂。

【珍爱案例】

彭女士和冯先生是相亲认识的，见面之后，两个人的感情升温很快，恋爱期间也相处融洽，加上双方家长催婚催得紧，他们仅认识45天就结婚了。婚后两个人之间开始出现各种问题，如冯先生嫌彭女士不做家务，彭女士嫌冯先生工资不高还喜欢挑毛病；冯先生觉得去影院看电影很浪费钱，可以等下线了在家里看，而彭女士则希望能去电影院里感受一下浪漫的气氛……由于意见总是难以达成统一，两个人为此争吵不休，都觉得婚后生活过得不开心。

分析：彭女士和冯先生在婚前没有深入了解对方，感情中缺乏亲密因素，因此才导致婚后出现了很多问题。若没有充分接触、了解过对方，你爱上的很可能是你自己想象中的对方。

斯滕伯格认为，以上六种爱情只是"类似爱情"，或者是"不完全爱情"，所以在形容这些爱情时都加上了"式"字。他认为，当爱情的三个要素都完全满足时，爱情才会展现它真实的模样，即完整的爱情（Consummate Love）。

第七种：完整的爱情。

完整的爱情包含激情、承诺和亲密。只有在完整的爱情中我们才能看到爱情的全貌，这才是我们所期盼、追求的爱情，但它也是较难达成的爱情状态。

【珍爱数据】

珍爱网调查数据显示，在人们的心目中，承诺在爱情三要素中所占的比重最高，达到40.5%；亲密的占比最低，仅25.2%，如图1-1所示

（数据来源于2019年4月，珍爱网问卷调研《是爱情还是激情》，样本数量377人）。

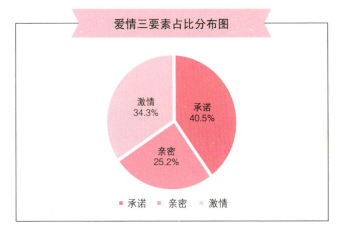

图1-1

这说明，尽管随着时代的发展，人们对于亲密关系的需求变得越来越多样化，但是稳定和长久依旧是人们对于亲密关系最重要的需求。

另外，调查还显示，男女对爱情三要素重要程度的选择趋于一致，几乎没有性别差异。

爱情三角理论告诉我们：**爱情中所含有的成分不是固定的，它会随着两个人认识的时间长短及相处方式的变化而有所改变。**

通过观察我们身边的真实情况可以发现，两个人刚刚认识时，往往会被对方的外表吸引，这是因为大多数情况下，最先被激发的是激情因素。接下来的一段时间中，如果两个人相处融洽，发现彼此兴趣爱好相同，对很多事情的想法和观念也一致，就会认为对方是自己的"知心人"，随着感情越来越深厚，亲密因素也开始发挥作用。当感情到达一定浓度后，两个人都愿意和对方在一起，愿意去爱对方，确定恋爱关系，这就形成了短期承诺。谈恋爱后，两个人依然相处得非常愉快，当视彼此为唯一，想要和对方建立家庭，互相扶持、互相照顾时，就是进行长期承诺的阶段。

图1-2反映了随着两性关系持续时间的延长，爱情三要素的变化情况。大多数情况下是这样的：在恋爱初期，双方会感受到来自对方的吸引力，因此激情因素急速增强，后期会适度减退；随着两个人相处时间的增多和对彼此逐渐了解，亲密因素开始呈现稳步上升的趋势；与前两者相较，承诺因素是最后产生和增强的，但随着两个人感情的加深与稳定，承诺因素会越来越强。

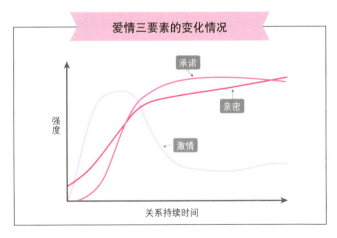

图1-2

【珍爱数据】

珍爱网调查数据显示：48.7%的男性认为在过往的感情经历中最欠缺亲密因素，39.3%的女性认为在过往的感情经历中最欠缺承诺因素，如图1-3所示（数据来源于2019年4月，珍爱网问卷调研《是爱情还是激情》，样本数量377人）。

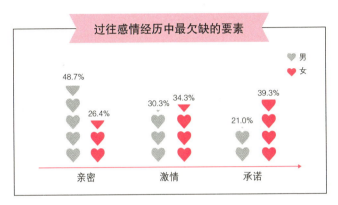

图1-3

男性认为最欠缺亲密因素，可能是源于社会文化及传统观念中对男性的"硬汉"的要求，这使男性的亲密需求在其成长过程中始终处于压抑和未被满足的状态，因此男性会比较期待伴侣来满足他的这部分需求，即希望被恋人温柔相待。此外，男性的天性让他们渴求伴侣的尊重和认可，期望伴侣能够了解自己、支持自己。

女性认为最欠缺承诺因素，可能源于女性自身偏低的安全感。进化心理学告诉我们，女性在生育和养育时非常需要男性的支持。但在择偶阶段，女性无法判断自己生养时男性的态度会怎样。所以女性以男性是否会承诺来进行初步的判断。男性如果愿意承诺，他更可能在漫长的养育阶段为女性提供稳定的生活及养育后代的物质资源。不愿意承诺的男性，在未来更可能不愿意提供资源。因此女性在获得男性的承诺时会安心。

1.2 爱情"SVR理论"：刺激、价值、角色诠释爱情发展

　　范先生第一次见路女士时，就觉得她漂亮大方，很有气质，路女士也感觉范先生十分成熟稳重，双方对彼此都有好感。在之后的交往中，他们发现彼此的兴趣爱好也差不多，比如范先生喜欢分析人的心理，路女士也常常阅读心理学方面的书。相处过程中，两个人的想法总是不谋而合，这让他们有很多共同语言，彼此相处得非常愉快。交往一段时间后，两个人考虑结婚。范先生离异、有三个孩子，路女士有一个孩子，为了将来的生活能够安稳和谐，两个人协商后决定由路女士辞职在家照顾几个孩子，范先生在外全力打拼事业，挣钱养家。

　　爱情的发生和发展是有规律可循的。美国心理学家默斯特因（Murstein）的"SVR理论"认为，两个人从相识到结婚，分为三个阶段。

　　第一阶段：刺激阶段（Stimulus），又称S阶段，即一方受到另一方外表、行为、性格等的刺激。

　　有的人会去和陌生人搭讪，这是受到对方外表吸引的结果；有的人认识对方以后，觉得和对方在一起很舒服，这是受到对方温

柔和善的性格的吸引。只有在感受到对方某一方面的吸引力之后，我们才会有靠近对方的"动力"，才会有追求、表白等后续行为的出现。

　　与自己结识伴侣的情况不同，两个人相亲时，外表的优势更容易刺激到双方。有的人会认为，外表的刺激是肤浅的，相亲时隆重地着装打扮就是为了让对方"看上"的行为，显得有些可笑。毕竟，相对于内在，外在更容易改变和逝去。我们都希望恋人能爱自己的内在（如性格特质），而不是自己的外在（如外表容貌）。

　　并不是说性格之类的内在特质不能吸引异性，只是大家需要注意的一点是：在陌生男女接触彼此的过程中，受到外表的刺激而产生的动机更可能让两个人的交往延续下去。这有两方面的原因：首先，外表的优势，在当时当地，用眼睛就可以察觉到。而内在特质的察觉往往需要一定时间的相处，需要花费更多的时间和精力。陌生男女受到外表刺激从而产生恋爱的感觉更快速直接，也更常见。其次，对于很多人来说，如果对方的外表不能让自己产生好感，自己就不会有兴趣去了解对方的内在，也就是说外表是必须过的一关。

　　我们在接触异性时，不能总寄希望于让对方"发掘"我们优秀的内在，而应尽可能地主动去"展现"自己好的一面（包括外表、行为、性格等），以吸引对方，这才是推动关系发展的正确途径。

【珍爱案例】

　　王小姐每次去相亲，不是穿运动裤，就是穿休闲裤，从来没穿过裙子，也不化妆。咨询师委婉地建议她注意着装打扮，她却说自己这样穿舒服，而且素颜相亲可以帮助她找到一个能够"透过现象看本质"，关注内在而不是外在的男士。与王小姐相亲过的男士大多表示：王小姐人还可以，但是没有令他们心动的感觉。王小姐得知后开始怀疑自己，渐渐对感情丧失信心。咨询师最终说服了王小姐，在相亲之前帮她化了妆，还让她穿了裙子。结果相亲结束后，男士不仅主动与她交换了联系方式，还请她外出就餐。

分析：相亲时注重着装打扮，不仅能吸引对方，增加相亲成功率，同时也是对自己负责、尊重对方的表现。

【珍爱案例】

案例1：陈女士因工作关系接触的多是俊男靓女，因此在择偶时总想找"高富帅"。她的相亲对象彭先生高大帅气，初次见面，陈女士对他的外在形象很满意，之后也常主动约他见面，然而深入接触之后，陈女士觉得彭先生除了形象符合自己的要求，其他方面并不能让自己满意，比如他在事业上没什么上进心，对交往的态度也不是很积极，对自己并不体贴，于是她选择了分手。

案例2：年轻有为的张先生靠自己的努力在上海买了车和房，如今想找一个温柔漂亮的妻子。相亲一段时间后，他认识了好几位漂亮的女士，觉得她们都不错，就加了她们的微信，打算和她们从朋友做起，慢慢了解。有一次张先生胃痛住院，吴女士得知后去医院看望了他，发现他无人照顾，又主动在下班之后去医院陪伴他。张先生很是感动，觉得吴女士温柔善良，且很会照顾人，最终和吴女士走到了一起。

分析：案例1中，因为彭先生的高大帅气，陈女士愿意去接触他，但在相处过程中发现彼此性格不合适，最终两个人没有走到一起。案例2中，因为吴女士的靓丽外形符合张先生的择偶标准，所以他们才有了后来的发展。可如果张先生没有发现吴女士温柔善良的性格，她可能仍然只是他的一个"备选"对象。可见，让自己的外表看起来更好，能帮助我们在择偶时获得更多开始的机会，但能否走到最后，还是要看我们是否有可以吸引对方的内在特质。

【珍爱数据】

珍爱网调查数据显示：第一次相亲，男士比较看重的前三项特质依次是性格特征、外表气质、仪态举止，而女士比较看重的则是仪态举止、性格特征和沟通能力，如图1-4、图1-5所示（数据来源于2019年9月，珍爱网问卷调研《谁动了你们的爱情》，样本数量409人）。

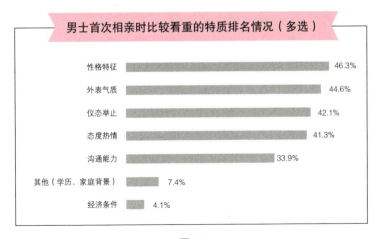

图1-4

图1-5

第二阶段：价值阶段（Value），又称V阶段，即在语言沟通的前提下对彼此的价值观念的欣赏和认同。

在价值阶段，两个人之间会有大量的接触机会，开始接受对方进入自己的生活，了解到对方的思维方式、行为模式、价值观和信念方面的内容。在这个阶段，双方最重要的任务是通过表象更深层次地了解对方。但这个阶段也会出现很多"因为不了解在一起，因为了解而分开"的情况。

【珍爱数据】

珍爱网调查数据显示：76.4%的男性和84.2%的女性，在对方的很多想法与自己不同的时候会选择主动结束恋爱关系，如图1-6所示（数据来源于2019年4月，珍爱网问卷调研《是爱情还是激情》，样本数量377人）。

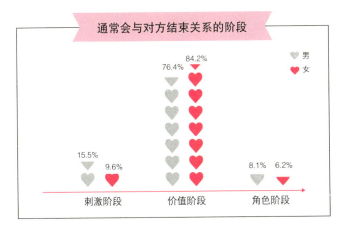

图1-6

根据数据反馈结果，价值阶段是最容易产生感情裂痕的阶段。

　　既然双方选择和对方谈恋爱，说明彼此之间是有吸引力的，但很多人在相处之后发现自己和对方的差异太大且无法调和，最终只得选择分手。对于这些差异，我们应该分开来看待。

　　一般来说，性格、观念等大的方面较难磨合，因为这往往意味着我们需要摒弃自己习以为常的思维方式和处事方法。例如，有的人认为人生需要不断奋发向上，追求事业和生活上的成功，而有的人则认为生活应是平静恬淡的，追求心灵上的自我满足，这样的两种人就很难去理解对方，也很难和对方建立起稳固的亲密关系。

　　而一些细节方面的问题，如穿衣风格、生活习惯、交往节奏等差异是可以进行磨合的。

　　在现实生活中，我们与他人存在观念和想法上的不同很正常，所以遇到想法不同就选择结束关系并不是一个很好的处理方式。当我们和对方相处得不愉快的时候，应该去想想，引起不愉快的是原则性的大问题吗？我们和对方之间的差异是根深蒂固、难以改变的吗？对方和我们的不同，是我们无法忍受、无法接纳、难以磨合的吗？如果答案是否定的，那么，建议大家在这段关系中多一些包容和思考。在本书的第6章中，我们也会讨论一些关于磨合期的调整方法供大家参考。

【珍爱案例】

谭先生想找一位漂亮精致的女士为伴，付女士想找一位成熟稳重的男士交往，两个人都符合彼此的择偶要求，沟通时也总有共同话题，每天都会语音、视频聊天长达2～3小时。他们的相处非常和谐，且对未来的规划出奇一致，双方都觉得自己非常幸运地遇到了合适的另一半。为了维系好感情，两个人都非常愿意为对方做出一定程度的改变。

付女士形象不错，但平时不太注重打扮，与谭先生相识后，她买了很多化妆品、护肤品，还常常去做SPA（水疗）。"粗线条"的谭先生也渐渐开始注意细节。有阵子谭先生因为项目发布会出差去北京，白天不能带任何通信设备，为免付女士担心，每天晚上10点回到酒店后就给她发消息，出差回来时还精心为她挑选了一份礼物。

分析：对于谭先生和付女士来说，在大的方面，例如性格、观念等，两个人十分默契，总能想到一块儿去。而对于一些小的生活细节，例如穿衣打扮、沟通节奏等，他们也都能为满足对方的需求而改变自己，因此他们能顺利地度过价值阶段。

第三阶段：角色阶段（Role），又称R阶段，即分配角色，相互补充。

恋爱关系稳定之后，双方就会进入到角色阶段。在这个阶段，双方需要确定自己在这段关系中的角色是怎样的，是否能成功扮演好，可以在多大程度上满足对方的要求等。

在这个阶段，任何一方都被对方需要，也都需要对方，需要找到在亲密关系中的角色。若两个人都热爱事业，在顺利度过刺激阶段和价值阶段后，很可能在角色阶段面临挑战，如他们也许都希望对方能更多地照顾家庭，让自己全力冲刺事业，因此，他们就需要进行协调，在满足自己的需求和满足对方的需求之间找到一个平衡点。

【珍爱案例】

　　黄女士，离异，女儿随自己。赵先生，离异，儿子随对方。赵先生欣赏黄女士的外形气质，黄女士欣赏赵先生的谈吐，双方便确定了恋爱关系。半年后，两个人考虑结婚，却在家庭成员相处问题上产生了分歧。赵先生的孩子虽然被判给了前妻，但他每周都会接孩子过来见面。对此，黄女士觉得不太能接受，目前双方各有一个孩子，他们计划结婚以后再生一个，黄女士忧心孩子相处及财产分配的问题，和赵先生一直没有商量好，结婚的事就这样被搁置下来了。

分析：黄女士和赵先生在角色阶段没有处理好矛盾，出现问题也没有协商出彼此都能接受的解决方式，最终影响了婚姻进程。

【珍爱数据】

珍爱网调查数据显示：68.2%的男性和58.3%的女性选择了谁收入低谁放弃工作。无论收入怎样，多数男性会要求对方放弃工作，而多数女性则选择放弃自己的工作，如图1-7所示（数据来源于2018年6月，珍爱网问卷调研《五分钟测出Ta是不是你的真爱》，样本数量1482人）。

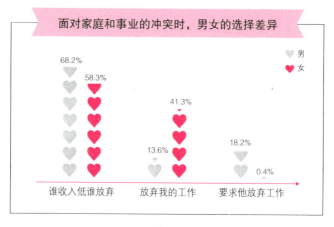

图1-7

在家庭和事业发生冲突时，只有少部分男性会放弃自己的工作，女性则更有可能为家庭做出牺牲。出现这样的现象可能也与我们的社会期待有关，比如对于一位女士放弃工作去做"家庭妇女"，人们不会有太大的异议，而如果一位男士放弃自己的工作照顾家庭，则很可能不受尊重、被人非议。调查结果显示，只有0.4%的女性会去要求伴侣放弃工作，也说明了大多数女性不希望伴侣没有工作。

1.3 爱情态度理论：三维度区分爱情与友情

最近，王小姐突然对一个自己很要好的朋友赵先生产生了好感，这种好感很强烈，但还没有达到对恋人的热爱程度。两个人认识5年了，平常生活中经常有机会接触，看待事情的想法也十分一致，很谈得来。王小姐觉得如果两个人能成为恋人会很好。虽然她觉得赵先生对自己不错，但也很担心对方是否只把她当成好朋友。这样的话，她表白不成功不仅会很尴尬，也可能会失去赵先生这个朋友。

心理学上对于爱情和友情有不同的界定。

美国社会心理学家齐克·鲁宾将爱情定义成对某一特定的他人所持有的一种态度，并使用一般测量方法研究爱情。他假设爱情是可以被测量的独立概念，可视为一个人对特定他人的多面性态度，从文艺著作、普通常识及人际吸引等文献资料中，寻找拟定叙述感情的题目，建立了爱情量表和喜欢量表。

齐克·鲁宾发现爱情与喜欢具有质的区别，二者的区分主要在三个维度上进行考量：亲和与依赖需求，欲帮助对方的倾向，排他性与独占性。

我们应该如何去理解这三个维度呢?

一、从"亲和与依赖需求"角度

从"亲和与依赖需求"角度,我们可以通过以下两方面来衡量。

(1)你和他的关系有多亲密。

如果我们和好朋友没住在一起,一个星期没有见面、没有交流、没有来自对方的消息,也是很正常的事情。即使分别了一段时间后,我们再约好朋友出来玩,大家也还是开开心心的,不会有什么隔阂。但爱会让我们跟恋人的联系更紧密。恋人之间如果一个星期没有互相联系,感情肯定出了问题。如果你爱对方,即使只是一两天没有对方的消息,你也会很难受,很想和对方说话,很想和对方见面,如果不能见面,看看对方的照片也会有一些抚慰的效果。

(2)你对他会产生多少激情。

爱情比友情多了一些激情的因素。当我们爱一个人的时候,看到他就会产生身心愉悦、心跳加速等一些不同的"反应",类似的生理反应还包括无法与对方对视、手心出汗、脸颊绯红、说话结结巴巴等。这与你和朋友相处时舒服放松的感觉是不同的。所以,如果你靠近对方时会出现一些自己无法控制的生理反应,你很可能就是爱对方,而不仅仅是喜欢对方。除此之外,激情还会让你产生一些关于两个人的遐想,例如跟他在一起有多么甜蜜、多么快乐等。

二、从"欲帮助对方的倾向"角度

从"欲帮助对方的倾向"角度来说,我们可以通过以下两方面来衡量。

(1)你对他有多关心。

毫无疑问,相较于朋友,我们对爱人的感情会更深,内容也更丰富一些。当我们爱的人遇到了困难时，我们对他的关心和自身的"代入感"会更强烈，对方不论是快乐还是悲伤，我们都会更加感同身受，有时甚至比他本人的感觉更强烈。例如他生病了，你会比他还要紧张，会很心疼他，希望他能早日康复；他碰到了困难，你比他还着急，很想帮他解决问题；他受挫了，你比他还要难过；他取得了成绩，你比他还要高兴。

（2）你对他有多强烈的责任感，愿意为对方做多大程度的奉献。

我们对朋友和爱人的责任感和付出意愿是不同的。当朋友遇到问题时，我们还是会认为这是他的问题，自己能帮他想办法，但不会取而代之地替他解决问题。而当爱人遇到问题时，我们会视之为自己的问题，认为自己有责任去帮助他解决问题。

例如，你的朋友没有通过考试，你会为他担心，会鼓励他、为他加油，但你会认为能不能通过考试需要靠朋友自己努力，是他自己要负担起来的责任。而如果是你的爱人没有通过考试，你不只会关心、鼓励他，更会做许多事情，如帮他收集资料，陪他一起做题，照顾他的生活，让他能专注于学习等。你会认为自己有责任帮助他通过考试，这种关心和奉献的程度是友情所不能及的！

总的来说，爱情是利他的，而喜欢通常是利己的。爱是满足对方的需要，而喜欢常常是对方满足自己的需要。

三、从"排他性与独占性"角度

排他性与独占性是指爱情所具备的唯一性。我们对爱的人的占有欲会更强烈，也更容易产生嫉妒的情绪。

从"排他性与独占性"角度来说，我们可以通过以下两方面来衡量。

（1）你是否会嫉妒他身边与他关系亲密的异性。

友情和爱情的一个判断标准是你对对方有多少占有欲，即你为了达成占有对方的目的，是否有排除竞争者的想法或者行为，在对方和其他异性相处的时候，你是否会产生嫉妒的感觉。

（2）你是否会认为他是你的唯一。

你的身边会有很多朋友，却只能有一个爱人。他是不能被取代的那一个。你身边或许有一些客观条件比他好的人，但相比这些人，你却更喜欢他，觉得他最好。

如何判断自己对对方的感情是爱情还是友情呢？

首先，从"亲和与依赖需求"角度来说，你一两天没见他，是不是就会想去见他？你见到他，是不是有身心愉悦、心跳加速等特别的身体反应？

其次，从"欲帮助对方的倾向"角度来说，当他遇到了事情，你是不是感同身受？是不是认为自己有责任去帮助他解决问题？

最后，从"排他性与独占性"角度来说，你是否会嫉妒他身边与他关系亲密的异性？会不会认为他是你不可取代的唯一呢？

如果上面的问题，你的答案都是"是"，那么你的感情更可能是爱情。

【珍爱案例】

钱先生与余女士相亲认识后开始交往。余女士性格腼腆，不爱说话，在两个月的交往过程中，钱先生感觉好像只有自己在付出。他不知道余女士的心里是怎么想的，也不知道她对自己是什么态度，是把自己当成朋友还是爱人。

分析：首先，从"亲和与依赖需求"角度来说，钱先生与余女士每天都会联系，每个周末都会约会，这种交往频率是远远超过普通朋友的。余女士性格比较慢热，两个人也只交往了两个月而已，虽然他们有一定的感情基础，但还没有达到热恋期的浓度，只要坚持下去，两个人的交流会越来越多。

从"欲帮助对方的倾向"角度来说，钱先生曾因要做一份工作报告忙得连续数天晚睡，余女士知道这个情况后主动提出帮忙，这就说明余女士具有为他付出的意愿，这是非常好的交往信号。

从"排他性与独占性"角度来说，余女士曾向咨询师抱怨她与钱先生交往后，就主动关闭了相亲网站的资料，可钱先生的资料却还在网上放着。咨询师因此和钱先生进行了沟通，确认了他的想法。可见余女士心中还是很在意钱先生的。

从以上三个角度来说，余女士对钱先生不单纯是对朋友的态度，两个人的感情还处于爱情的初期。咨询师给钱先生提供了一些增进感情的建议，如谈一些比较深入内心的话题、增加肢体接触等。钱先生听从了咨询师的分析与建议之后，在与余女士认识第四个月的时候向她表白成功，两个人确定了恋爱关系。

1.4 爱情依恋理论：找回爱情中的安全感

马女士在相亲会上认识了赵先生，由于害羞，当时没敢上前，谁知赵先生竟主动跟她搭讪，此后两个人开始交往。然而随着感情的深入，马女士越来越没有安全感，总觉得赵先生太优秀，不知道他为什么会喜欢自己。她经常黏着赵先生，因此被他笑称"黏人精"；如果赵先生参加的聚会有女士参加，她就会想办法跟去，因此被认为爱吃醋；她还会趁赵先生不注意时，偷偷翻看他的手机；如果赵先生回复短信稍微慢了一点儿，她就会开始胡思乱想；如果赵先生对她很温柔，她又害怕两个人的关系不会长久，害怕赵先生会突然离开她……她知道自己的状态不对，但不知道该怎么办。

马女士的"患得患失"可能与她的依恋类型有关。

研究发现，在儿童时期，我们就开始建立自己的依恋模式了。刚出生时，我们是软弱无力的婴儿。我们的第一段人际关系就是与主要照顾人（一般为父母）之间的关系，这段关系的好坏，在很大程度上影响了我们后续与其他人的交往方式，使我们慢慢地形成了自己的依恋类型。当我们长大之后，特别是在与异性建立亲密关系时，依恋类型会对我们的想法和行为产生重大影响。

心理学家认为，成人依恋类型可以分为以下四种。

（1）安全型依恋：认为自己值得被爱，且认为他人值得去爱。

安全型依恋者认为自己是友好、善良、可爱的人，也认为别人普遍是友好、可靠和值得信赖的人，所以他们十分容易与他人接近，总是放心地依赖他人和让他人依赖自己。安全型依恋者在婚姻关系中会付出更多的爱并承担更大的责任。当遇到问题时，他们能表达自己的感受和需求，并和另一半探讨改善方案。当伴侣表现出缺点和问题时，他们也能够接受和包容对方，并且支持对方，因此，安全型依恋者的亲密关系比较持久稳固。

例如：当你的恋人对你疏于照顾时，普通人可能会感到很失望，对感情丧失信心，安全型依恋者却能设身处地地为恋人着想，理解恋人的疏忽表现；当对恋人的行为感到不满时，普通人可能会去指责对方，要求对方改正，而安全型依恋者却能用一种比较平和的方式来表达自己的感受和需求；当恋人表现冷淡时，普通人可能会猜想对方是不是移情别恋或者要离开自己，而安全型依恋者会认为恋人肯定有他自己的理由，不会无故背叛感情，对恋人有更多的信任感。

（2）焦虑型依恋：认为自己不值得被爱，但他人值得去爱。

焦虑型依恋者会认为别人值得去爱，所以他们希望与恋人亲密无间，希望恋人时刻关注自己，这会让恋人感觉压力很大，没有个人空间。焦虑型依恋者通常自信心不足、比较敏感，他们会怀疑、担心恋人并不是真心爱自己，因此常向恋人索取爱的保证，甚至通过掌控恋人的方式获取安全感。在现实生活中，焦虑型依恋者总是表现得敏感易怒、爱吃醋，对恋人的掌控欲很强。

【珍爱案例】

吴先生成长于单亲家庭，童年时没有感受到足够的父爱，因此缺乏安全感。他和异性交往时总是有些紧张，之前每次谈恋爱最后都是被抛弃。有一次和女士约会，因路上堵车，吴先生晚到了十多分钟，见面后的整个约会过程中，他反复询问对方是否生气，至少问了5遍，女士觉得他很烦，就没再继续交往了。吴先生很受挫，咨询师了解他的情况后，向他指出了问题所在，并协助其制订了一系列计划以增强自信心，不仅帮他在交往过程中挑选礼物，还指导他如何与对方相处、如何说服对方的父母（因两个人老家距离较远）。表白成功那天，吴先生对咨询师表达了真诚的感谢。

分析：焦虑型依恋者会认为自己配不上恋人，所以担心被恋人抛弃。吴先生担心约会对象生气，反复询问正是出于这一原因，自信不足是他在恋爱方面的最大障碍。

（3）疏离型依恋：认为自己值得被爱，但他人不值得去爱。

疏离型依恋者认为自己是值得被爱的，对自己有自信，在生活中不太关心恋人的想法，常常忽略恋人的情绪。同时，他们认为别人不值得去爱，内心深处对别人持有怀疑态度，所以在恋人靠近自己的时候他们会紧张，害怕因为关系变得亲密而被对方控制，因而会想逃跑或者推开对方，导致亲密关系很难有进展。在现实生活中，疏离型依恋者常表现为"慢热"，让恋人感到若即若离、难以接近。

【珍爱案例】

梁女士没有谈过恋爱，即使和对方相处得很开心也很融洽，一旦对方表现出想要和她确定恋爱关系的意向，她就会退缩。比如对方送她花，她会说家里没地方放；对方约她，她会以工作忙或其他原因拒绝，忽略对方的暗示。咨询师了解到她的成长经历后发现，梁女士7岁时，她的父母离异了，后来父亲再婚，她和姐姐由妈妈养大，因此性格有些偏激。梁女士对感情持无所谓的态度，很多时候把情感寄托在了自己养的小动物身上。

分析：疏离型依恋者在内心深处不敢完全信任他人，所以可能一开始就表现出拒绝的态度，如梁女士从一开始就拒绝与他人深入交往。即使尝试与人建立一段亲密关系，当关系有了进展时，他们也会想逃跑。疏离型依恋者对他人的信任不足是他们在恋爱方面的最大障碍。

（4）恐惧型依恋：认为自己不值得被爱，他人也不值得去爱。

恐惧型依恋者常常认为自己不够好，内心深处担心自己被恋人抛弃且不信赖别人，不太想去亲近别人，但内心也有对爱的需求，因此，恐惧型依恋者会因这种矛盾心理而感到纠结痛苦。当恋人在身边时，恐惧型依恋者可能会觉得厌烦，不能温柔地对待恋人；但当恋人不在身边时，他们又会感到不安。恐惧型依恋者很少将焦虑和不安直接表达出来，而是常常以拒绝、攻击的方式去测试恋人的爱意，以此获得安全感。在现实生活中，恐惧型依恋者常常表现得矛盾纠结、反复无常、难以捉摸。

除安全型依恋外，其他三种都属于不安全型依恋，当认为他人或者自己不值得被爱时，错误的认知会让非安全型依恋者出现一些不良情绪，甚至做出不理智的行为，从而影响亲密关系的构建。非安全型依恋者应尽量相信自己、相信他人，让自己转变为安全型依恋者，才能更友善地面对自己和他人。

下面我们提供四种改善方法。

（1）察觉自我。首先你可以根据四种依恋类型的特征，判断自己倾向于哪个类型，从而在遇到问题时进行相应调整。例如：有疏离型依恋倾向的人往往不够信任他人，因此要常常鼓励自己勇敢一些，珍惜对方的付出；有焦虑型依恋倾向的人往往不够信任自己，因此可以常常暗示自己很好并注意克制自己的极端倾向，不要采取一些控制性的方式去确认别人的感情；有恐惧型依恋倾向的人对自己和他人都不太信任，因此可以多提示自己增强自信并信任他人，当感到不安时，学会去表达自己的感受，而不是用拒绝、退缩的态度来应对他人。

（2）重塑认知。成人的依恋类型往往与小时候的经历有关，因此我们可以尝试回忆自己过去的经历，重新面对过去的创伤，审视其背后的原因。例如，有疏离型依恋倾向的人，可能是因为小时候被家人照顾得不好而产生了靠别人不如靠自己的想法，那么，不妨试以成人的心态重新回想小时候的经历，可能会发现也许并不是家人不愿照顾自己，而是迫于客观条件不能很好地照顾自己，这样就能认识到家人是爱自己的，他人是可靠的，从而更愿意去相信和理解他人。

（3）借助榜样。安全型依恋者往往可以把自己和他人的关系处理得很好，因此可以多和他们在一起，以他们为榜样，理解他们的思考方式，借鉴他们处理问题的方式，或者干脆向他们请教该如何处理冲突。例如，焦虑型依恋者在恋人没有及时回复信息时，可以借鉴身边的安全型依恋者处理类似情况的方法，这样就不会越想越担心，在猜疑焦虑的情绪下，不停地打电话给对方了。

（4）安全补偿。首先，你可以做一些能够提升自信的事情，培养自己信任他人的能力。例如，给自己"投资"，学习一些课程来增加知识，或者学习着装打扮，给自己和恋人带来美的享受。其次，你可以尝试多和家人、朋友进行一些亲密的肢体接触，如挽手、拥抱等，通过这种方式增加感情的交流。最后，你可以营造自己和他人相处的健康模式，如多理解对方的行为，学会换位思考，不试图改变对方，学习情绪管理及正确表达自己需求的方式、技巧等。

需要注意的是，依恋类型是我们已经形成的、比较稳定的内在行为模式，由不安全型依恋调整为安全型依恋需要一段时间的心理调适，要给自己一点儿时间坚持下去！

【珍爱数据】

珍爱网调查数据显示：不论男女，在相处过程中最反感对方的行为都是"很少主动联系我，对我冷淡"，除此之外，男性更反感女性不向自己表露她的想法，而女性则更反感对方总是贬低、打压自己，如图1-8、图1-9所示（数据来源于2018年7月，珍爱网问卷调研《你真的会跟异性相处吗？》，样本数量2884人）。

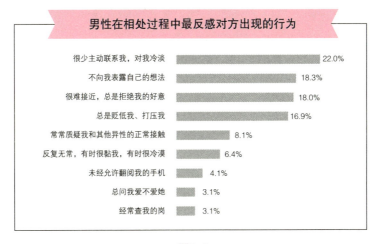

图1-8

图1-9

　　其中，"很少主动联系我，对我冷淡""不向我表露自己的想法""很难接近，总是拒绝我的好意"的行为更可能出现在疏离型依恋者或恐惧型依恋者身上。

　　"总是贬低我、打压我""反复无常，有时很黏我，有时很冷漠"的行为更可能出现在恐惧型依恋者身上。

　　"常常质疑我和其他异性的正常接触""经常查我的岗""未经允许翻阅我的手机""总问我爱不爱他"更可能出现在焦虑型依恋者身上。

　　结合会员数据和咨询师反馈的结果我们可以发现，对于交往中的恋人来说，疏离型和恐惧型的依恋风格是最让恋人难以接受的，其次是焦虑型。这可能是因为疏离型依恋者和恐惧型依恋者更难以进入恋爱状态，而焦虑型依恋者的安全感过低虽然也会破坏恋爱关系，但至少他们是"热情"的，不会让恋人感到被拒绝和疏离。

02

接近他：

主动示好，展示自我

在与相亲对象见面后，若我们对对方有好感，想要赢得对方的好感并与他有进一步的发展，就要知道如何接近他，这需要注意以下三个原则：

原则一：主动接近对方。

人们对陌生的人、事物和环境往往很警惕，会显得紧张，而在面对自己比较熟悉的人、事物和环境时则感觉安全，比较放松。当陌生人一次次地出现在自己面前后，我们对他就由陌生转为了熟悉，心情从紧张转变为放松，因此，通过一次次见面，陌生人会让我们感觉越来越安全。

心理学上有"多看效应"的概念，即看的次数越多越熟悉，就会越喜欢。不过"多看效应"发挥作用的前提是我们对对方的第一印象还不差，否则见面越多可能会越讨人厌，起到反作用。

若是见面后我们对对方有好感，那接下来要做的就是，多出现在他的面前，为彼此创造接触的机会，如多聊他感兴趣的话题、多了解他的喜好等。起初，可能对方对你的热情度并不高，但不要轻言放弃，因为随着时间的积累，"多看效应"就会发挥作用，对方对你的好感度会慢慢提高。

此外，我们还要尽可能地多去了解、思考对方是什么样的人，是否适合自己。

原则二：主动展示自己。

首先，我们要展示自己的优点，增加吸引力。可以通过聊天或者朋友圈等渠道展示自己优秀的一面，给对方留下好印象。

其次，我们要展示与对方的相似之处，拉近关系。心理学上有"喜好效应"的概念，指人们总是能够接受自己喜欢或者与自己相似的人提出的要求和建议。当陌生人出现在我们面前时，我们往往更容易接受与自己相似的人，这种相似体现在穿着打扮、衣食住行、言行举止、思想观念、生活方式等方面。在最开始的时候，你要多发掘你与对方的相似之处，包括共同的兴趣爱好、共同的话题以及相似的生活习惯等。相似之处的增多，会使双方有种"命中注定"的感觉，使双方都对感情的发展抱有期待。双方相似性越高，幸福感越强。

最后，我们要合理表达自己的态度，不要以高高在上的姿态对待他人。对自己很有自信的人，因为自身比较优秀、受欢迎和招人喜欢，往往有些骄矜，在恋爱关系中等着对方来追求自己，时常给人一种距离感，容易让人望而却步以致关系受挫。想与心仪对象有进一步的发展，你就要避免摆出一副高高在上的姿态，要多与对方分享生活状态以增进对彼此的了解，要多欣赏对方的优点并适当给予赞美，让自己更好相处。

原则三：主动表达好感。

人际吸引的好感原则告诉我们：人们喜欢那些欣赏自己的人。

人际吸引的互惠原则告诉我们：人们会根据他人喜欢自己的程度调整自己对他人的好感度。

如果你想接近自己的意中人，一定要尝试主动表达自己的感情。要是他对你也有好感，那么感情进展会很快；就算对方对你没有好感，你的主动也能让他注意到你，使你在他眼里和一般人有所不同。

2.1 缩短距离，经常见面

2.1.1 缩短距离：空间距离与心理距离成正比

我们发现，人与人之间物理距离（即空间距离）的远近会影响人与人之间的关系（即心理距离）。大多数情况下，人与人的心理距离和空间距离是成正比的。人更容易与离自己近的人产生感情，如发展成恋人或成为更熟悉、亲密的朋友。

【参考资料】康恩的好感实验

美国心理学家康恩做过一个实验，实验内容是探究个体与异性谈话时距离与好感度之间的关系。

在这项实验中，如果被试者是男性的话，就请两位女性实验者与他谈话，其中一位坐在距离他0.5米的沙发上，另一位则坐在距离他2米的椅子上。谈话时，两位女性实验者的态度完全相同。

实验结果显示，无论被试者是男性还是女性，都对坐在自己身边的异性好感度更高。

为什么距离近，更容易让人产生好感和感情呢？

（1）近距离交往成本低，回报高。

经济成本：主要指见面时间与金钱的成本。距离越远的两个人为见面花费的时间越多、路费越高。

心理成本：这好比学生忘记带课本时，一般都会找邻桌的人借看，如果向远处的人借，人们就会产生相对较高的心理成本（即远处的人把书借给你了，他就没书看，你也会过意不去，在心理上感觉对他有所亏欠），所以说，近距离对双方而言都意味着低成本投资和高回报率。

（2）能及时有效地得到情感支持。

人是群居动物，如果缺乏情感支持，很容易心理失衡。当两个人距离近时，能够更快更多地发现对方的异常和情感需求，及时予以情感支持；但如果两个人距离较远，对对方的异常和情感需求的感知就会受到影响，从而不能及时给予对方情感支持。例如，距离近时，双方能共同憧憬未来，距离远则会使双方产生"不知道将来我们会怎么样"的疑虑。

【珍爱数据】

珍爱网调查数据显示：在过往的情感经历中，近五成的人是通过朋友或家人介绍认识对方的，有三成左右的人是通过工作或网络认识的，如图2-1所示（数据来源于2019年8月，珍爱网问卷调研《为什么被拒绝的总是你》，样本数量533人）。

由图2-1可见：朋友或家人的介绍依然是单身人士结识异性的主要途径；由工作认识的双方因为经常见面，有近距离接触的优势，因此也成为认识伴侣的主要方式之一；网络作为我们现实生活的扩展，也为我们认识伴侣创造了新的途径。

图2-1

珍爱网调查数据显示：在单身人群中，有近六成的男性和超过七成的女性不接受异地恋，如图2-2所示（数据来源于2019年8月，珍爱网问卷调研《为什么被拒绝的总是你》，样本数量533人）。

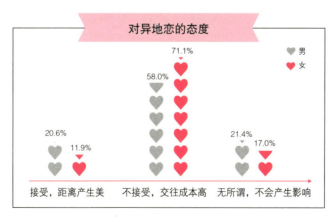

图2-2

出现这种现象的原因正是我们前文所说的，空间距离与心理距离成正比，异地恋的空间距离过大，导致交往成本变高，且高昂的交往成本并不能带来相应的高回报。同时，异地恋的双方往往很难即时获得对方的情况，使对方很难得到即时的支持，因此异地恋的双方要付出更多的时间和精力。

空间距离在关系中的具体应用情况如下。

（1）追求对方的时候。相近的空间距离容易使人产生亲密感，所以，当你有了中意的人选后，应该尽量缩短自己跟他的空间距离。例如：如果你们是同学，你可以上课时坐在他旁边；如果你们是同事，你可以开会时坐在他旁边；如果是其他情况，你可以经常出现在他的活动区域，如经常与他去同一家餐厅用餐、去同一所健身房健身等。总之，你要尽可能缩短你们的空间距离。

（2）测试对方的好感度的时候。当人与人熟悉之后，人的心理距离会通过空间距离表现出来。人们更倾向于与自己熟悉或喜欢的人待在一起，而远离陌生或讨厌的人。比如，开会、培训、吃饭的时候，我们都更倾向于跟自己同组别或熟悉的人坐在一起，而对于自己不认识、不熟悉的人，我们一般都会远离他们。

用空间距离来测试对方对你的好感度的具体做法包括以下两种。

①杯子测试法。找个机会和对方一起喝饮料，闲聊一会儿之后，假装不经意地把自己的杯子移到靠近对方的杯子的位置，如果对方没有移动杯子，就可以认为两个人的心理距离缩短了。如果对方默默地把杯子移开，就表示他觉得两个人的关系还是维持现状就好，没有进一步的打算。

②亲密距离测试法。装作不经意地进入对方的亲密距离范围内（0.5米），若对方不介意或很开心，甚至脸红不拒绝，则表示对方心

里是接受你的；若对方马上转动身体，甚至表现得非常反感，那就是
并不接受你，你需要继续努力。

【珍爱案例】

　　夏先生和金女士刚见面时对彼此的第一印象都挺好，也很聊
得来，但两个人见面后却迟迟没有新的进展。咨询师回访得知，
夏先生心里有顾虑：两个人一个住在城南一个住在城北，来回得
两个多小时的车程，恋爱时间成本太高。咨询师鼓励他，若真的
合适，距离不是问题，事在人为。就这样，双方又经过一个多月
的相处，越发觉得合拍，彼此爱好差不多，都不喜欢逛街，也不
喜欢大手大脚地花钱，都喜欢旅游，享受大自然。

　　然而再浪漫的爱情也要回归到现实生活中，鉴于两个人只能
周末见面，而且每次见面都得耗费两个多小时的车程，于是他们
就商量了下，金女士的工作可以灵活换动，她就换了个公司离夏
先生很近的工作，两个人天天都可以见面。如今双方都已见过彼
此的父母，正计划着结婚。

　　分析：金女士更换工作地点以缩短空间距离的做法让两个人的关
系更进了一步。异地恋或距离相对较远的恋情，总是需要双方投入更
多的时间和精力去经营，如果有可能，应该尽快结束异地的生活，这
样更利于两个人的关系发展。

2.1.2 经常见面：熟悉将增加好感

1968年，心理学家罗伯特·扎荣茨（Robert Zajonc）揭示了"曝

光效应"，即人们会单纯因为自己熟悉某个事物而对其产生好感。

【参考资料】仅仅是简单的见面就能增加好感

心理学家扎荣茨进行过一系列实验，证明只要让被试者多次看到不熟悉的刺激，他们对该刺激的评价就会高于其他没有看到过的类似刺激。

扎荣茨让一群人翻看某校的毕业纪念册，并且肯定被试者不认识毕业纪念册里出现的任何一个人。看完毕业纪念册之后他再请他们看一些人的相片，有的人出现了二十几次，有的人出现了十几次，还有的人则只出现了一两次。之后，扎荣茨请看照片的人评价对照片的喜爱程度。结果发现，出现次数越多的人，被喜欢的程度也就越高。人们更喜欢那些看过二十几次的熟悉照片，而不是只看过几次的新鲜照片。也就是说，看的次数较多增加了喜欢的程度。

还有心理学家做过类似的实验。在一个学期开始时，研究者让几位女大学生在某些课堂上分别出现15次、10次或5次，这些女生从来不和教室里的其他人交谈，只是坐在那里。学期结束时，让同样上这个课程的其他学生对这些女生做出好感度的评价，出席次数越多的女生被喜欢的程度越高。由此实验也得以证明，单纯的碰面也能增加好感度。

使用"曝光效应"需要注意的地方包括以下两点。

（1）使用对象（包括人、事、物）在最初的态度是不反感或是积极的，才可以使用"曝光效应"。

如果一开始对方对你就是负面的态度，比如厌恶，那么多次曝光也只会增加对方的反感；如果一开始对方的态度是无所谓或者偏向喜欢，那么单纯的曝光就会增加对方对你的好感。

（2）过多曝光会引起厌烦情绪。心理学家研究发现，增加曝光次数可以增加人的刺激感，但是频率过高，会使人出现负心理反馈，即喜欢程度下降，出现厌恶、恶心的感觉，所以要合理利用"曝光效应"，不要过度。

根据珍爱网的服务经验，在单身男女对对方有好感的情况下，咨询师通常会建议他们每月见3～6次面。两个人经常见面可以增加自己在对方面前的曝光率，可以提高双方的熟悉感，进而提升好感度，但也并不是见面的频率越高就越好，要给彼此适度的空间。通常在对对方有好感的情况下，考虑到不影响双方的工作和生活，咨询师建议两个人见面的频率保持在每月3～6次较好，条件许可也可以见7～10次。

"曝光效应"在两性关系中的具体应用情况如下。

（1）增加"曝光频率"——见面。制造一些可能的见面机会，观察他的行动规律，制造偶遇机会。比如，你发现他经常去某便利店买东西，那也可以在差不多的时间去；你发现他经常在某个时间坐车，那也可以按那个时间去坐车，遇见就简单聊两句。

（2）社交平台展示。适度分享身边的新鲜事，将看到的、听到的、想到的、经历的事情，浓缩成一句话或一张图片，分享到社交平台上，最好是积极正面、有价值的分享内容，而对于对方的分享不要仅默默关注，必要时需要回复、评论。相关研究表明，你的留言越需要对方回复，就越容易给对方留下印象。

（3）网络沟通。如利用社交软件发些语音和视频给对方，让对方能感受到你的喜怒哀乐。要把握好时长，两个人每次不要聊太久，可以分多次聊。

（4）电话。定时、定点给对方打电话，形成规律，注意时间不要太晚，这样既不礼貌，也会影响对方休息。同时，态度要温和，善于倾听，不要急于发表观点，你可以多了解对方。

另外，你需注意的是不要把聊天时间拖得太长，否则会给对方增加负担。

【珍爱数据】

珍爱网调查数据显示：在单身人群中，八成以上的人认同约会见面的方式最能推动关系的发展，如图2-3所示（数据来源于2019年8月，珍爱网问卷调研《为什么被拒绝的总是你》，样本数量533人）。

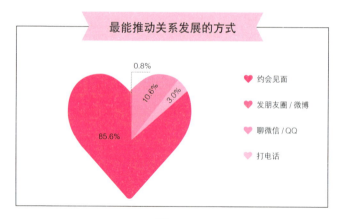

图2-3

相对于通过网络或电话，约会见面能接触到更真实具体的人，见面过程中会经历一些事情，这些共同经历往往会让我们更全面、立体地认识彼此，对关系的发展有较强的推动作用。建议在条件允许的情况下，大家多邀请对方约会见面。

【珍爱案例】

案例1：李女士在网上认识了两位感觉还不错的男士。其中一位刚和交往了5年的女朋友分手，虽然他对李女士感觉也不错，但加了微信后聊了几天就逐渐冷淡了，也迟迟不提见面。李女士旁敲侧击地问他两个人该怎么办，他表示不用急，慢慢来。

另一位男士则说，不管李女士长得好不好看，只要两个人性格、爱好或者其他方面都合得来就可以交往。另外，他每天都会发信息给李女士，有时还会逗她开心。李女士表明想见面的想法之后，这位男士没有拒绝，还说随时可以见面，但是没有进一步确定见面时间和地点，也没有推动见面一事落实。

李女士很疑惑，不知道这两位男士是不是真心想和自己交往，也不知道自己是不是要主动约对方见面。

咨询师建议李女士，若第二位男士再说些暧昧不明的话或对她表现出关心时，就可以把问题抛给对方。例如，问他两个人之间的关系是什么？为什么他要这么关心/在意/哄自己？如果男士有所表示，李女士可以再向他表达自己的疑虑，让他定个时间，促成两个人之间的见面。咨询师指出，不管对方是真心还是假意，李女士都应直接面对，越早确定对自己就越好。

分析：这两位男士在接触过程中提到见面的表现都不积极。很明显，第一位男士在现阶段对李女士并没什么兴趣，可能他生活中突然有了更有意思的事情，或者突然遇到了更吸引他的异性，所以他对和李女士的交往并没有投入多少热情。第二位男士很会花时间来哄李女士，不过表现出的都是"廉价"的关心，并没有什么实质性的投入，所以李女士还是要尽快促成见面才能判断他的真实态度。

案例2：陈女士离异，带有一个男孩，要求相亲对象的经济条件要好，同时要有爱心。咨询师根据要求介绍了崔先生给她，陈女士却觉得崔先生长得不好看，她比较喜欢帅一点儿的男士。咨询师认为崔先生工作较稳定，人也比较真诚，建议陈女士可以先接触一下再判断。第一次见面后，陈女士感觉一般，崔先生对陈女士很有好感，咨询师便建议崔先生多多主动关心陈女士，从生活细节着手，慢慢渗透进她的生活。

崔先生听了咨询师的建议，时常主动约陈女士见面，还送水果、买马桶垫、包饺子、洗衣服，有时还会陪陈女士的儿子玩。经过一个多月的接触后，陈女士觉得崔先生为人很实在，很在乎自己，对自己的家人也很好，于是决定关闭个人网站资料，正式与崔先生交往。现在两个人已经订婚，相处得很好，还一起买了房，打算明年交房后就结婚。

分析：如果你有了意中人，经常在他面前晃一晃，找些话题聊一聊，你们的感情自然会慢慢加深。另外，双方条件比较匹配的情况下，即使第一次见面对方对自己没有特别的感觉，你仍然可以选择多接触对方几次，只要持续接触，双方就很可能会对彼此产生越来越多的好感。

2.2 投其所好，"爱"以类聚

2.2.1 投其所好：迎合对方的择偶喜好，展现互补性需求

在相亲之后，我们不仅要多去接近中意的对象，还要有效率地接近，即投其所好，学会展现自己，这可以通过两方面来实现：迎合对方的择偶喜好和展现互补性需求。

一、迎合对方的择偶喜好

每个人都有自己的理想对象，若遇到一个跟自己的理想对象接近的人，我们会有"他特别好"的感觉，也会对两个人的感情更加积极，因此，让自己接近对方理想对象的形象，会让对方对你更有好感、更主动。我们具体该怎么做呢？

首先，想办法了解对方的择偶喜好，比如体形、性格等。

其次，看看自己的情况是否符合对方的喜好，考虑是否可以迎合。

最后，在第一次见面时，尽量迎合对方的喜好，能够取得良好的第一印象。

我们在追求另一半的过程中，难免会为了迎合对方调整自己某些方面的习惯，但要清楚哪些可以调整，哪些不能调整。对于可迎合之

处，我们可以适当做些调整，但是对于那些比较难以迎合的地方，我们就需要慎重考虑。比如性格，我们或许能暂时压抑自己的某些性格以取得对方的好感，但若两个人最后真走到一起，甚至一起生活，就要考虑清楚：自己是否能一辈子都保持这样？这样做自己真能幸福吗？

这里列举了一些相关信息供大家参考。

可以迎合之处：穿衣风格、兴趣爱好、交往节奏、饮食习惯、生活习惯等。

难以迎合之处：世界观、人生观、价值观、性格等。

【珍爱数据】

珍爱网调查数据显示：单身人士最愿意在兴趣爱好上改变自己来和心仪对象保持一致，而最不愿意改变的是三观和性格，如图2-4所示（数据来源于2019年8月，珍爱网问卷调研《为什么被拒绝的总是你》，样本数量533人）。

愿为心仪对象改变的方面排序情况（多选）

	男	女
兴趣爱好	63.4%	59.6%
生活作息	53.4%	55.6%
饮食习惯	55.7%	52.6%
交往节奏	54.2%	50.0%
穿衣风格	38.9%	37.4%
三观	44.3%	34.1%
性格	38.2%	30.4%

图2-4

二、展现互补性需求

人们总是会希望伴侣能对自己有帮助，能做到自己做不到的事情，这是一种互补性需求。我们可以在与对方交谈的过程中保持敏锐的观察力，观察对方喜欢哪些特质，对哪些特质无动于衷，最反感哪些特质等。如果你恰好拥有对方需要的某种特质，那你与对方的相处就会更加默契。

想要了解对方的需求，你可以从询问对方的生活习惯、兴趣爱好和过往经历等方面入手。

【珍爱案例】

孙先生性格木讷，脾气温和，待人真诚。刘女士性格开朗，爱说爱笑。两个人第一次见面的时候，对彼此的印象都还可以，于是打算进一步了解。但是，刘女士喜欢浪漫，而孙先生则比较朴实，不擅长和人交流沟通。虽然在两个人交往的过程中，孙先生与刘女士见面时会送上一些小礼物增加情趣，但是最后，刘女士还是认为孙先生过于木讷了，不解风情，感觉和一个不懂得浪漫的人谈恋爱很辛苦。

杨女士为人比较单纯，没有谈过恋爱，希望找一个真诚、重感情、为人正派的男士交往。孙先生正好符合她的需求，咨询师就介绍了两个人认识并鼓励孙先生多主动展示自己真诚、成熟的一面。孙先生每天都和杨女士保持联系，还时常表达对她的关心，过马路时细心地让她走在内侧，当她情绪低落时也陪伴在左右，令杨女士有满满的安全感。现在两个人发展得还不错。

分析：由于孙先生具备的特质不符合刘女士的择偶需求，因此两个人没有进一步交往。但他的内在品质吸引了杨女士，两个人交往过程中，孙先生展现出的主动、温和、稳重，成功地赢得了杨女士的好感，两个人从而顺利交往。

2.2.2 "爱"以类聚：多找话题，发掘相似之处

【参考资料】

美国心理学家纽加姆曾做过一个著名的心理学实验。他让17名互不相识的大学生同住在一间宿舍中，对他们的亲疏变化过程进行了长达4个月的跟踪调查。实验结果表明，在相识之初，空间距离的远近决定了彼此的亲疏程度。然而在实验的后期，那些在信念、价值观和个性品质上相似的人，在研究结束时成了形影不离的好朋友。

俗语说"物以类聚、人以群分"，人们在交往中，如果发现他人与自己志趣相投，自然会与其成为知己；相反，如果随着交往的深入，发现双方的价值观有着天壤之别，即使彼此已经非常熟识，也会因为这种观念上的差异而分道扬镳。

我们在恋爱关系中也可以利用这一规律，让对方发现你与他"志趣相投"，具体做法如下。

（1）发掘对方喜欢的话题。当你和意中人闲聊的时候，注意密切关注新鲜、异常、离题、与众不同的话题，包括对方偶尔提到的地点、时间和人物。将关键词提炼出来，你就可以发现对方真正喜欢的话题是什么。

比如，他说："一下雨就堵车，经常下雨我都不能带狗出去散步

了。"这句话中的"堵车""狗"就是关键信息。

（2）培养共同的兴趣爱好。兴趣爱好是很好的话题切入点，你要让对方感知到他与你具有某种相似性非常容易。在交谈中，当你知道对方的兴趣爱好时，可以暗示他你也喜欢，让他感受到你对这些爱好的热情，接下来自然会获得约会邀请，并顺利迈出获取对方好感的第一步。许多男士约女士出去，只是因为她们能与他一起享受某个活动。

（3）认同对方的价值观。和对方深入探讨他非常关心的话题会很容易激发他对你的爱意。无论男性还是女性，都希望伴侣能够和自己拥有相似的价值观，在同一事物上产生强烈的共鸣。首先你要寻找一个对方非常重视的话题，然后假装随意地提起它，认真倾听他的观点并表示无条件赞同，如果能暗示你比他更认同这个观点，则最好不过。

（4）巧用身体语言。让对方感觉到你们的相似之处，不一定非要通过深刻的交谈才能实现，你还可以通过身体语言这种微妙的方式来实现。如在聊天的过程中，当你对他的想法或观点并不是特别清楚时，可细心观察他的反应，当他的身体姿势发生变化时，你也随之调整自己的身体姿势；当他的情绪发生变化时，你也随之调整自己的情绪（他开心大笑你也开心大笑，他惊讶你也惊讶），这样就能暗示对方，你与他的想法是同步的，你能理解他的意思，让他觉得你们在看待事物的观点上有着很多相似之处。

【珍爱数据】

珍爱网调查数据显示：当被别人追求时，74.9%的人认为增加相处时间，与对方共同做一些事情更能加深彼此之间的感情，如图2-5所示（数据来源于2017年12月，珍爱网问卷调研《你对相亲的期望是怎样的？》，样本数量231人）。

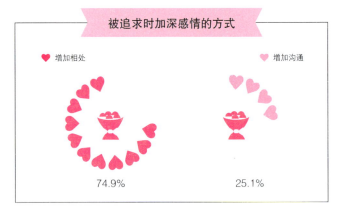

被追求时加深感情的方式

♥ 增加相处　　　　　　　　　　♥ 增加沟通

74.9%　　　　　　　　　　25.1%

图2-5

沟通有利于双方了解彼此，可以为此后一起经历一些事情奠定基础。沟通是语言的交流，双方更多的是在讲述自己的经历，而一起经历某些事情则是真实的接触，是在创造属于两个人的共同经历。当你想追求一个人的时候，建议在了解对方的喜好之后，多与他一起经历一些事情，一起书写属于你们的故事。

【珍爱案例】

案例1：王女士是这样描述自己的恋爱过程的："我们在一起时彼此都很开心，虽然我总爱假装惹他生气，但是他从不会和我认真计较。我喜欢吃红薯稀饭，以前交往的男士都不喜欢，谁知道和他说过以后，他居然和我一样喜欢。我终于找到能陪我吃红薯稀饭的人了，很开心。"

案例2：叶先生和秦女士细聊之后发现两个人有很多共同之处。例如：两个人住的地方很近；他们差不多是同一个时间来到同一座城市的，以前还在同一座城市读书；他们在家里面都是老大，秦女士家里有一个弟弟，叶先生家里有一个妹妹。叶先生说："种种相似之处，让我们的心贴得更近了……每当我准备给她打电话时，她的短信就来了；每当她刚发短信过来时，我的短信也就发过去了，这就是心有灵犀吧！"

分析：在约会过程中，双方相似度越高，就越会有种命中注定的感觉，觉得彼此很有缘分，更容易拉近两个人的距离，也就更容易对对方产生好感。

2.3　避免高冷，让你更容易相处

　　高冷容易出现在不太会经营感情的女性身上，她们通常认为男性应该先联系女士，主动邀约见面，并且应该迁就、包容女士，这样的想法很容易打击男性的积极性。

　　想与心仪对象有进一步的发展，你就要避免摆出一副高高在上的姿态给人造成距离感，可以适当放低姿态，这样两个人相处起来才能够简单、舒服。

　　【珍爱数据】

　　珍爱网调查数据显示：仅8.3％的女性认为第一次约会由女士主动邀约可以有所发展，同时有64.3％的男性是支持这一观点的，如图2-6所示（数据来源于2017年11月，珍爱网问卷调研《初次约会好感》，样本数量765人）。

　　如何避免高冷，让自己显得更容易相处呢？你可以尝试以下几种方式。

　　（1）主动分享自己的信息及了解对方。要把对方当成亲密、可信赖的人，主动分享自己的喜与乐，让对方了解自己的状态；了解对方的喜好，适当制造些小惊喜；了解对方的需求，尽可能去满足对方。

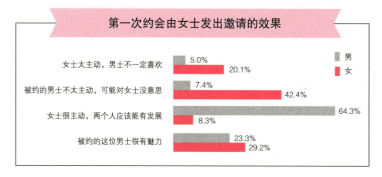

第一次约会由女士发出邀请的效果

	男	女
女士太主动，男士不一定喜欢	5.0%	20.1%
被约的男士不太主动，可能对女士没意思	7.4%	42.4%
女士很主动，两个人应该能有发展	64.3%	8.3%
被约的这位男士很有魅力	23.3%	29.2%

图2-6

（2）尊重欣赏对方。尊重对方的意见、决定和付出，而不是按照自我意愿向对方强加要求；欣赏对方的优点，抱着真诚、平等的心与对方相处，不要挑剔、指责、批评对方；给对方足够的自由度，不能太黏着对方；双方发生冲突和分歧时，要懂得退让，见好就收，除了原则性问题，都可以适当妥协。

（3）不要怕出丑。我们对于陌生人都会有些防备，这是人类保护自己的本能。介绍自己时，你只说优点会显得非常不可信，而且有吹嘘的嫌疑。其实你主动说一些自己的糗事，既显得真实可信，对方也更容易接受。

在你的条件很优秀的前提下，你的一些小错误会让对方有"原来你也会紧张，原来你和我一样"的想法，从而让他感受到较少的威胁，对你产生亲近感。比如碰翻水杯、脸红等，只要让对方意识到你是因为在意他而紧张就好，对方不仅不会因此而否定你，相反会觉得你很真实，容易亲近。

如果你是一个普通人，那么讲些令你出糗的事会吸引到对方的注意力，博对方一笑。例如，你提到"我上次去旅游住了一家超级漂亮的酒店"，别人可能不会很感兴趣，但如果你说"我上次去旅游把护照弄丢了"，就会引起他人的好奇，让他关注你后来是怎么解决的，这样你就成功地制造了话题。注意：你要讲的是出糗、意外的事情，而不是你的缺点。讲自己的缺点虽然会让你不那么高冷，但会让别人对你印象不好。

在其他条件都相同的情况下，不论男女，都更愿意选择和脾气比较温和的人相处，因为与他们相处不需要像与高冷的人相处那样花费很多的心思。脾气好、性格温和的人会让人愿意亲近，也比较容易和他人建立关系。因此为了提高恋爱的成功率，建议大家可以适当放低姿态，让自己变得更好相处。

大家需要注意的是：放低姿态只是一种方式，不要因放低姿态而显得不自信；不要为表现低姿态就百依百顺，要有自己的底线和原则；也不要超出正常范围，让对方产生负担以致关系失衡。

【珍爱案例】

周女士与李先生见面后，对他的印象很好，然后她就上网详细查看了李先生的资料，将他喜欢的电影类型、喜欢的约会场所、喜欢的食物、喜欢的活动等记在了心里。在之后的见面约会中，她每次都笑脸相迎，还有意无意地流露出自己对李先生的崇拜、欣赏之情，恰到好处地选择他喜欢的约会场所，点他喜欢的菜，在谈论一些事情时充分尊重对方的观点但又不失自己的立场。李先生向咨询师反馈时称，周女士不像有些女士那样趾高气扬、眼高于顶，自己和她相处得很开心。

分析：周女士主动了解对方的喜好，见面时笑脸相迎，懂得尊重对方，这些细节充分营造出愉快的交往氛围。

2.4　赞美欣赏，拉近彼此的心理距离

自我认同感是一个人自我认知程度的标志，是衡量一个人情商高低的主要标准之一。只有建立了比较充分的自我认同感，我们才能有效建立信心和自尊，而信心和自尊是一个人获得成功和幸福的重要心理基础。赞美对方可以增强对方的自我认同感。

一、赞美他的技巧

（1）爱慕式赞美。随着谈话的推进，你在表达赞同观点的时候可以穿插一些有力度的感叹词，可以让对方相信你爱慕他。例如，"你的反应好快啊""你真是太棒了，居然能把土豆丝切得这么完美""你能做到这样，太厉害啦"等。

（2）含蓄式赞美。含蓄式赞美通常不是直接赞美对方，而是暗示对方是优秀群体中一员，委婉地展示自己对他的青睐。比如，相亲时，男士夸奖女士打扮得很漂亮，女士可以笑盈盈地回答："跟您这样优秀的男士相亲，必须得把自己收拾得体面一些才行呀！"

（3）正中下怀式赞美。即你在表达对对方的赞美之前，先思考一下对方的自我形象，分析出他最需要得到认可的地方，然后对其赞美。漂亮的女性通常更喜欢人们称赞她们的头脑而不是美貌；成功

的男性早已厌倦别人恭维他们的智慧，如果你赞扬他们相貌英俊，一定会得到温暖的回应。你的赞美越符合对方需要被认可的地方，对方就会越喜欢。

另外大家还要考虑时机，赞美对方最近的微小变化的效果远强于赞美其辉煌的过去。比如他刚换了发型，那么赞美他的发型就是最适宜的选择。另外，赞美对方的内在品质，往往比赞美对方的外表更讨人喜欢。

【珍爱数据】

珍爱网调查数据显示：有近八成的女性和八成多的男性更喜欢追求者赞美自己的内在，如图2-7所示（数据来源于2019年8月，珍爱网问卷调研《为什么被拒绝的总是你》，样本数量533人）。

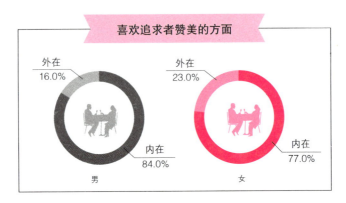

图2-7

建议大家在和自己心仪的对象相处时，不要吝惜自己的赞美之词。多一些发自内心的真诚赞美，能够对你们的关系起到一定的促进作用。

二、应对赞美的技巧

（1）意中人赞美你的时候。面对意中人的赞美，不要否认地回答"没那么好"，也不要只说一句"谢谢"。如果得不到积极的反馈，他或许就不会再赞美你了。你要大大方方地接受，然后再赞美回去，这样他也会因为称赞了你而感到喜悦，你们的距离自然就拉近了。

（2）意中人自我否定式赞美。若对方在赞美你的同时进行自我否定该怎么办？比如："你今天气色不错哦！不像我，黑眼圈好重！""你的皮肤很好哦！你看我，满脸的痘。"

就算对方说的是真的，你也不应该附和他。因为，当一个人在否定自己的时候，潜意识中是在借别人的大脑去判断，所以这个时候你应该鼓励、肯定他，最好帮助他发现自己的一个亮点，增加他的信心。

例如：

女：你好帅气哦！

男：哪有？

女：有，你的眼睛特别大，很明亮。

男士听了会很开心，沟通气氛立刻就好了，瞬间拉近了两个人的距离，增加了亲切感。

2.5　主动表达好感

我们每个人内心都会有自尊及自信的需求，而很多时候，这种自尊和自信来自周边的事物和他人的肯定。如果这种肯定源源不断，我们的自尊和自信必然会得到强化，让我们获得愉悦的感觉。对于带给我们愉悦感觉的人，谁能不喜欢呢？

在现实生活中，我们对别人的态度往往会由别人对待我们的方式决定。对你微笑的人，你也会经常对他微笑；对你冷漠的人，你也会经常对他冷漠；你喜欢那些喜欢你的人，你讨厌那些讨厌你的人。

所以，想要让对方喜欢你，首先你得让对方知道你喜欢他。当对方知道你对他有好感的时候，你就和他身边的其他"普通朋友"不同，变成了一个可以给他肯定，增强他的自信，带给他愉悦感受的"特别"的人，由此，他对你的关注也会超过对其他人的关注，你们建立亲密关系的机会也就更大。

在表达好感时，常出现的问题是：我们该怎么表达好感？如果把对方吓跑了怎么办？如果对方拒绝我了怎么办？由此，我们要学会有技巧地表达好感。

首先是表达好感的态度。如果我们在表达好感的时候显得目的性太强，就很容易给对方造成压力。例如："我这么喜欢你，你还犹豫什么？""我为你做了这么多，你到底怎么想的？"这样的表述方式就会让对方感到有压力，好像你需要对方马上给你一个肯定的答复才行。如果对方没有准备好，不想"辜负"你，也不想自己冲动之下做决定，可能就会选择逃避，让两个人都"冷静"一下。比较好的处理态度是："我喜欢你是我自己的事情，我现在追求你是我自己的选择，我希望你也能喜欢我。"这种表达方式就不需要对方给你什么承诺，你也没有向对方"索取"任何东西，只是单纯地表达自己的态度，不会让对方不舒服。

其次是表达好感的方式。主动表达好感的方式有很多，不仅仅局限在语言方面。事实上，行为和表情也能传达好感。例如：你在见到对方的那一刻就扬起温暖的笑容；在他说话的时候一直微笑地看着他，保持与他的目光接触；积极地和他沟通交流；和他在一起时，表现得非常愉快和享受等。这些行为都能让对方感受到你对他的好感，也不会给对方造成太大的压力。

大家需要注意的是：有些人比较传统和害羞，或者还没有准备好，因此当你表达了好感后，可能不会马上得到对方的回应，不要因此气馁，要多给对方一些时间。

【珍爱案例】

　　高女士条件十分优秀且有涵养，但是她的工作比较忙，空闲时间又经常健身、参加活动，因此没有时间找对象。杜先生和她认识后，非常欣赏她，经常找她聊天，约她出来见面，一直努力地去接近她。

　　可能是单身太久了，高女士习惯了一个人的生活，虽然对杜先生也有好感，但两个人一直都只是在网上聊天，高女士对交往的态度并不积极，还因为要健身而拒绝过杜先生的见面邀约。

　　杜先生并没有因此放弃。他开了一个多小时的车到了高女士家附近，然后打电话给高女士，表示自己在她家附近，如果她现在有空，是否能出来见见；如果不方便也没有关系，改天再约。高女士看他这么执着，对自己也确实很用心，就和他约在了咖啡店见面。两个人谈恋爱之后，杜先生说，他和高女士聊天的时候就发现，她虽然外表坚强，但其实是一个十分温柔可爱的女人，自己很愿意照顾她。之后两个人交往得很顺利，最后结婚了。

　　分析：高女士非常理性，因为适应了单身的生活，所以在感情中比较被动。尽管她非常优秀，很多男士还是被她的冷淡和独立"吓"跑了。杜先生比较执着，对她的好感比较强烈，一直在尽力地表达好感，推动两个人关系的发展，最后他通过自己的努力，一步步打开了高女士的心扉。付出不一定有回报，但我们不付出行动，会更难收获幸福。

2.6　找人撮合，第三方的信息传递更有效

一、第三方评价相对真实、可信、客观

在婚恋市场上经常出现的一个问题就是，人们在评估自己和对方的情况时，很大程度上是依靠主观想法进行判断的。例如：有的女士感觉很惶恐，认为自己很普通，当有很多条件优秀的男士向她示好时，会质疑原因是什么；有的男士觉得自己各方面条件都很好，却在婚恋市场上屡屡受挫，被人嫌弃。其实这都是因为他们的评判标准是主观的，定位不准，他们便很容易过高或过低地评价自己和别人。

第三方的评价对他们来说就是参照物，能让他们更容易找到自己的定位，更客观地认识到现实状况。例如，当女士产生怀疑时，如果有第三方跟她说"你其实非常漂亮，在我见过的人中，你已经是数一数二的了"，那么她可能就会对自己更有信心。同样，假如你认为某个异性很普通，但是身边很多其他人（第三方）认为对方长相出色、性格也好，和你非常相配，那么你也会基于第三方的评价更多地进行考察，与对方进行更深入的接触。

二、第三方是个有效的信息渠道，能够避免难堪

感情的事情比较微妙，有些事情如果由当事人来做，可能会损伤彼此的感情，此时由第三方出面，就可以避免双方之间的尴尬。例如，在交往之初，你想得知对方的一些信息，比如经济条件、感情经历等，若直接询问对方，可能会比较尴尬，也容易给对方留下不好的印象，由第三方帮你询问，就可以避免这样的尴尬了。或者，你觉得自己某方面比较出色，又不好当着对方的面自我夸耀，就可以通过第三方传递这样的信息。另外，在交往过程中，如果不能理解对方的行为或想法，你也可以通过第三方进行传递和询问。

总之，在双方互相不认识或不熟悉的情况下，第三方往往对两个人关系的发展有很大的推动作用。

第三方在关系中的具体运用如下。

（1）进入对方的生活圈，尽量多构建第三方。第三方可以是亲戚、朋友、同学、同乡、介绍人等，总之是能跟双方都说得上话的人。若两个人之间没有共同的朋友，最好能构建一个或多个第三方。当两个人的感情有所发展时，比较重要的一步就是要进入对方的生活圈，认识对方的朋友与家人。这样，一方面可以更深入地了解对方的情况；另一方面，当你和对方的感情出现了问题时，这些提前构建的第三方可以起到桥梁作用，对你们的感情产生积极的推动作用。

（2）找到合适的第三方推动恋情。对于恋人身边的人，特别是人品比较好的人，你需要尽可能地对他们好，这样遇到问题时才有人来帮你说话。

【珍爱数据】

珍爱网调查数据显示：有超过四成的人认为朋友在亲密关系中起到的推动作用最强，如图2-8所示（数据来源于2017年12月，珍爱网问卷调研《你对相亲的期望是怎样的？》，样本数量231人）。

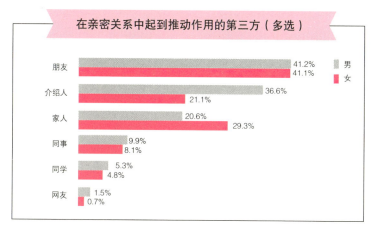

图2-8

通过以上调查可以看出，你若想与对方有进一步的发展，要充分发挥朋友、介绍人、家人等第三方在关系发展中起到的推动作用，这样有利于尽量融入对方的生活圈。

【珍爱案例】

孟女士这样描述丈夫追求自己的恋爱过程："最开始时，我并没有看上他，没想到这家伙来了招'曲线救国'。他对我和我的家人非常好，把我的事当自己的事，会经常带我妹妹和妈妈逛街、出去玩，有时还会买好菜跑来我家做饭。就这样，我身边的家人都觉得他这人踏实靠谱，私底下为他出了不少主意，当然也在我面前为他说了不少好话。时间久了，我也慢慢适应和习惯了他的存在，渐渐发现他有责任心、有担当、细腻柔情的一面，如今我们已相恋数月，感觉很好，计划今年年底结婚。"

分析：一方面，此案例中的男士通过对孟女士的家人的照顾表达出了对她的用心；另一方面，孟女士的家人也起到了撮合二人的作用，这对两个人的感情发展很有利。

03

增进感情：
循序渐进，全面了解

在接近、熟悉对方之后，我们和对方的关系就达到了普通朋友的程度，这个时候，相互之间有了一定的了解，但感情并不深厚。想要达到一对一交往的程度，我们还需要做一些事情来推动两个人的感情发展，这需要注意三个原则。

原则一：一步步深入，循序渐进地接触了解。

罗马不是一天建成的，感情也不是一天确定的。打造感情基础的阶段，我们要给彼此一些空间和时间，一步步来，不要急于求成。在这个阶段，最容易出现的问题就是一方的交往节奏太快，让另一方难以接受。例如：两个人刚刚熟悉，都还没有牵手时，男士就去揽对方的腰，这很容易遭到对方拒绝，给对方留下轻浮的印象；两个人只是刚刚接触，女士就想要对方去见自己的父母，讨论买婚房的问题，这可能会给男士造成很大的压力，吓跑对方。

原则二：全方位了解，看到真实立体的他。

为了建立和谐稳定的两性关系，为了今后的生活能够融洽，我们应该全方位地去了解对方。在恋爱初期，很多青年男女往往只看到对方的优点，而忽视了缺点，激情退去之后才发现真实的对方和自己想象中的样子落差很大，加上缺乏磨合技巧，两个人的感情很容易破裂。因此，从多个方面、多个角度去了解对方是非常有必要的事。

在这个方面，我们可以用丰富约会内容的方法尽可能多角度地了解对方。

原则三：感情升华，量变转化为质变。

很多男女对对方抱有好感，也保持着合适的交往频率，但就是很难变成恋人，这是因为交往过程中缺少了一点儿火花。在第1章中，我们讲述了爱情与喜欢的差别主要体现在三个方面：亲和与依赖需求、欲帮助对方的倾向、排他性与独占性。

因此，我们可以在这三个方面进行重点推进。在亲和与依赖需求方面，你可以在对方面前更真实地表达自己，敞开心扉，和对方进行超过朋友关系的交流；欲帮助对方的倾向主要体现在对方遇到问题和困难时，你需要照顾和支持对方，表现出超过朋友的责任感；在排他性与独占性方面，你可以逐步与对方进行肢体接触，让对方认为你是不同于朋友的人，是有可能与他发展成终身伴侣的人。

3.1 运用"登门槛效应"，增加接触机会

在恋爱中，我们想要追求对方，其实也是在向对方提出靠近和了解的要求。如果对方比较保守和内向，或者对方对你并没有抱有相同程度的热烈感情，你可以运用"登门槛效应"打开对方的心扉，增进两个人的感情。

"登门槛效应"又称"得寸进尺效应"，指一个人一旦接受了对方的一个微不足道的要求，为了避免认知上的不协调，或想给对方前后一致的印象，就有可能接受更大的要求。它的关键点是每次一小步，一步步如温水煮青蛙，最终达成所愿。

【参考资料】"无压力的屈从：登门槛技术"实验

1966年，美国社会心理学家弗里德曼和弗雷瑟做了一个实验，该实验名为"无压力的屈从：登门槛技术"，它极具说服力地证明了"登门槛效应"的存在。两位心理学家让自己的助手随机去访问一些家庭主妇，请求她们把一个广告牌挂在自己家的窗户上，基本上每个家庭主妇都同意了这个小小的要求。不久之后，他们又一次访问了这些家庭主妇，并请她们将一个大而不太美观的广告牌放在自家院子中，结果有一多半的人答应了这个请

求。与此同时，他们还让助手去随机访问另外一组家庭主妇，直接提出把大而不太美观的广告牌放在她们的院子中，结果仅有不到五分之一的家庭主妇同意了这个请求。

对比之下，两者数据相差很大。这说明，当我们对别人提要求时，如果使用"登门槛"的方式，可能会让人更难拒绝，也更容易让我们达成所愿。

"登门槛效应"可以用在邀请对方的方式上。在对方对你好感不足的情况下，"登门槛"的邀约方式更温和，更容易邀约成功。

【珍爱数据】

珍爱网调查数据显示：单身人群中68.9%的女性和65.6%的男性对感觉一般的相亲对象先聊一会儿后再提出约会的邀请方式，接受度更高，如图3-1所示（数据来源于2019年8月，珍爱网问卷调研《为什么被拒绝的总是你》，样本数量533人）。

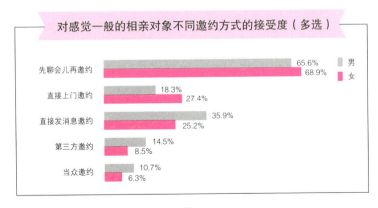

图3-1

除此之外，男士比较欣赏"直接发消息邀约"的方式，可能是部分男性偏好直接有效的邀约，因此也希望女性能"干脆点"，而女性则比较欣赏"直接上门邀约"的方式，可能是部分女性比较喜欢"能凸显男子气概"的直接邀约方式。

"登门槛效应"可以用在平常的相处中。例如，当我们的目的是想和对方牵手时，我们可以先以看手相、牵对方过马路、假装无意中碰触到对方的手、关怀对方是否因为天冷而手凉等多种理由去短暂接触对方的手，待对方习惯之后，就可以慢慢地延长碰触的时间，最终达到牵手的目的。

"登门槛效应"可以用在整个追求对方的过程中。我们来看下面这个案例。

【珍爱案例】

龚小姐和曾先生虽然在同一个省份，但是在不同的城市，龚小姐在省会，曾先生在三线城市。咨询师初次介绍两个人认识时，龚小姐为此有些犹豫。她并不想去异地生活，特别是不想去三线城市生活。曾先生得知后托咨询师转达，两个人不能做情侣，做朋友也好，多个朋友多条路，希望龚小姐不要有太大的负担。于是龚小姐便同意了和曾先生交换联系方式。

曾先生很喜欢龚小姐，经常给龚小姐发短信，但龚小姐总是偶尔回复一条，显得很冷淡。曾先生觉得这样继续下去，可能聊着聊着就没有下文了，因此对自己也没什么信心。在咨询师的鼓励下，曾先生向龚小姐提出想去省会与她见一面，再考虑要不要交往下去。这对龚小姐来说并不需要什么额外的付出，她便同意了，于是曾先生坐了4个小时的火车去赴约。第一次见面时，曾先生有些木讷的表现虽然没有让龚小姐有心动的感觉，但也让她意识到对方是一个真诚可靠且喜欢自己的男士，之后她对曾先生的回复就不那么冷淡了。

有一次曾先生得知龚小姐非常喜欢的一个明星要在他所在的城市开演唱会，就在咨询师的鼓动下邀请了龚小姐。见龚小姐犹豫不决，曾先生便主动向她表达了自己的内心想法，自己是把她当作一个好朋友来招待的，彼此可以多了解一下，希望她不要有太大负担，龚小姐才同意了邀约。

龚小姐到了之后，曾先生确实如同自己的表述一般，一方面非常周到体贴地招待她，另一方面给她介绍了自己所在的城市，带她去了自己的工作地点，还跟她讲了自己对未来的种种设想。两个人之前在网上的沟通其实比较片面，龚小姐直到这个时候才真正全方位地了解了曾先生，因此对他产生了好感。这次见面是两个人的感情的转折点，之后他们的感情快速升温，没多久两个人就结婚了。

分析：最初，龚小姐对曾先生是有些抗拒的，但曾先生在和龚小姐交往的过程中巧妙地运用了"登门槛效应"：第一步，顺利结识对方并交换了联系方式；第二步，曾先生去龚小姐处见面，展现了自己真实的一面并表达了对龚小姐的好感；第三步，曾先生邀请龚小姐来他生活的地方，向她展示了自己的生活和优势。通过这一步步递进的行动，曾先生打破了两个人的僵局，使得龚小姐愿意接受他并尝试与他交往。

3.2 利用"留面子效应"，让对方答应你的请求

"留面子效应"是指人们拒绝了一个较大的要求后，对较小的要求接受的可能性增加的现象。

如果说"登门槛效应"是一次一小步，那么"留面子效应"就是跨一个大步，然后主动退回一点儿（实际上仍然是前进了一小步）。两者方式不同，结果一样。

【参考资料】"导致顺从的互让过程"实验

美国心理学家D.H.查尔迪尼和助手曾做过一项被称为"导致顺从的互让过程"的实验。研究人员将参与实验的大学生分成了两组，对于第一组大学生，研究人员要求他们带领少年们去动物园玩一次，需要两个小时，但只有1/6的学生答应了这个请求。对于第二组大学生，研究人员首先请求他们花两年时间担任少年管教所的义务辅导员，这是一项费时费力的工作，几乎所有的大学生都拒绝了这个请求。研究人员接着提出了一个小的要求，让大学生带领少年们去动物园玩两个小时，相比之下这个请求就太容易了！一多半大学生答应了！

心理学上把造成这种现象的原因称为"留面子效应"，即在

向别人提出自己真正的要求之前，先向别人提出一个大要求，待别人拒绝之后，再提出自己比较小的真正要求，别人答应自己的要求的可能性就会增加。

"留面子效应"为什么会起作用呢？

在我们拒绝了别人的要求时，会因为没有帮助到对方而感到内疚，这使我们"富有同情心""乐于助人"的正面形象受到了损害。此时，若对方提出了一个小要求，且不太难满足，我们就正好有了机会来挽回良好形象，因此我们就很可能答应小要求，以此获得心理上的平衡。

在恋爱中，我们也可以使用"留面子效应"，一步步推进关系的发展，即我们可以先提出一个对方不太可能会接受的过分一点儿的要求，然后在对方拒绝后，再提出真正的要求。

使用"留面子效应"时应注意一点，即第一次提的"大"要求应该符合两个人的交往进度，不能是很过分的要求，否则很容易让对方误解，认为你品性不佳，反而会促使对方改变对你的态度。例如，第一次见面时，男士就提出让女士去自己家给自己做饭，刚见了两次面就要求发生过于亲密的行为等。

【珍爱案例】

　　在北京生活的李先生看过在沈阳生活的赵女士的资料后觉得两个人很合适，就请咨询师帮忙介绍。两个人沟通和见面后对彼此的感觉非常好，但赵女士觉得两个人身处异地，在生活方式上有所不同，对两个人的交往不抱太大期望。咨询师帮李先生分析了目前他面对的两个问题：首先，两个人不在同一座城市生活，维系感情的成本很大。其次，虽然两个人一直都在沟通，但是赵女士比较保守，还没有同意与他交往。

　　李先生与赵女士协商，两个人异地相处有困难，于是他希望赵女士能到北京工作，和他在一起。赵女士表示自己在北京人生地不熟，离开熟悉的环境会没有安全感，因此拒绝这个提议。李先生很难过，经过激烈的思想斗争后，表示自己可以放弃北京的工作去沈阳，但是希望赵女士能和他确定关系，并且能帮他在她家附近租一套房子方便两个人交往。赵女士感到李先生确实是在为两个人的未来考虑，比起要她去北京工作，为李先生找一套房子她还是可以做到的，于是同意了。李先生因此"投奔"赵女士，两个人的感情发展得很快，交往了一段时间后，李先生也得到了赵女士的家里人的认可，两个人就结婚了。

　　分析：首先，李先生提出"让赵女士来北京"的大要求被赵女士拒绝，然后李先生提出了一个小要求——自己投奔赵女士。在之前已经拒绝过对方一次的情况下，赵女士如果再拒绝这个小要求，对这段关系的伤害是巨大的，因此赵女士同意了"明确关系并且帮助李先生落脚"的提议。

3.3 丰富约会内容，增加现实生活中的互动

　　见面仅仅是两个人产生感情的开始，感情的增进不能仅靠短时间的见面相处，而应该通过彼此能交流的高质量约会完成。我们常常听到周围有人抱怨："每次约会都是吃饭、看电影，没意思透了。"单一的约会内容很容易让双方对一段关系失去新鲜感，难以推进感情进一步发展。

　　【珍爱数据】

　　珍爱网调查数据显示：在相互熟悉的阶段，超过七成的人选择常规类的约会内容（见图3-2）（数据来源于2019年8月，珍爱网问卷调研《为什么被拒绝的总是你》，样本数量533人），说明大多数人倾向于"安全"或者"熟悉"的约会方式，觉得这样不容易出错。

　　但效果如何呢?

　　珍爱网调查数据显示：在"意中人"的光环加持之下，只有三成左右的人会享受重复的约会内容。

　　其他人中，男性更偏好"自己安排约会"，承担更多的责任，而女性则会倾向于"建议对方改变"，拒绝重复的约会内容，如图3-3所示（数据来源于2019年8月，珍爱网问卷调研《为什么被拒绝的总是

你》，样本数量533人）。

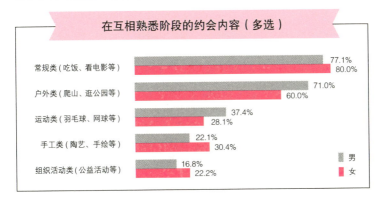

图3-2

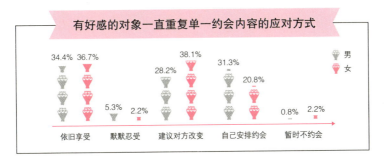

图3-3

即使在对方是意中人的情况下，重复的约会内容也会影响约会体验，更何况是刚刚结识，只是关系有些暧昧的男女呢？在增进感情的阶段，建议大家多花点儿心思，让对方感到"你的生活很丰富多彩""你是个有趣的人"，对方会更愿意和你在一起。

【珍爱案例】

李先生和黄女士经咨询师介绍认识之后，两个人互有好感，表示愿意进一步接触。后来李先生每个周末都约黄女士吃饭，并且都是在同一家店吃（李先生觉得这家店的东西味道很好，离得也近，很方便）。第一次时，黄女士觉得很不错，菜都是她喜欢的味道，可是几次之后，黄女士就有些郁闷了，渐渐地也不太愿意赴李先生的约了。

李先生很疑惑，搞不懂为什么黄女士之前都好好的，突然就冷淡了。咨询师了解到，黄女士觉得李先生太乏味了，不懂变通，也没什么情趣，自己还需要再考虑考虑。后来咨询师委婉地建议李先生以后再约黄女士时不要只是吃饭，还可以多些其他活动，如黄女士喜欢爬山、唱歌等，可以约她去进行这些活动。

李先生仔细回想了一下自己和黄女士的交往过程，认可了咨询师的建议，随后就经常约黄女士爬山、唱歌，两个人交往了一段时间后，国庆节时李先生还带黄女士去了自己的家乡（一个特色旅游小镇）。对于李先生的邀约，黄女士很开心地同意了，国庆节回来之后两个人就迅速确定了关系，并向咨询师分享了这一喜讯。

分析：黄女士起初对李先生也有好感，虽然后来表现冷淡，但也没有明确拒绝他，说明黄女士其实仍在观察李先生，所以李先生还有机会通过调整自己的邀约策略、重新安排约会内容的方式维护并升级他们的关系。当李先生听从咨询师的建议，尝试不同的约会内容后，黄女士便感受到李先生的用心，对他的态度自然也就不一样了。当感情面临瓶颈、停滞不前时，男女双方可以尝试通过改变或者丰富约会内容的方式予以推进。

那么，如何丰富约会内容呢？恋人之间的约会除了吃饭、看电影，还可以做些什么？

这其实是由两个人的状态来决定的，即投其所好，根据对方和自己的喜好进行安排。这样不仅能增进对彼此的了解，也能给双方带来新鲜愉悦的体验，大大促进感情的发展。

在丰富约会内容方面，大致可以分成以下三种类型。

第一种，休闲娱乐型，包括爬山、逛公园等常规类约会内容。此外，我们可以尝试一些运动类的约会内容，如打羽毛球、网球等，或者一起去学习比较新奇的、带有娱乐性质的运动项目，如室内冲浪、室内浮潜等。我们还可以尝试一些游玩类项目，如去游乐园、参观景点等。另外，约会内容要根据两个人交往的程度设定。例如，在增进感情阶段的初期，不太适合邀请对方进行需要过夜的旅游，但在后期，两个人确定一对一交往时，就可以尝试这种邀约。

第二种，文化创意型，主要指一起通过活动接受文化熏陶，如看话剧、看歌剧、参观博物馆、参观展览馆等。"创意型"的范围较广，如参加公益活动、完成彼此的愿望、做手工、参加新奇有趣的项目等。尤其推荐尝试需要两个人协作完成的项目，如两个人一起制作蛋糕、画画、插花等。一方面这能带来美的享受，另一方面可以使两个人在制作过程中都能收获成就感，增加双方的好感。此外，也可以尝试一些流行的新奇项目作为约会内容，如两个人一起去玩密室逃脱等。在协作参与活动的过程中可能会出现各种问题，我们可以借此观察对方处理问题的方式、面对挫折时的态度等细节。

第三种，居家生活型，内容包括但不限于一起做饭刷碗、认识对方的朋友、去对方曾经生活过的地方，这种类型的活动更适合交往程度较深的男女。通过这样的活动，我们可以了解对方居家的状态、在生活中放松的状态、在朋友面前的状态等。两个人顺利交往之后会一起生活，通过这样的约会内容可以了解对方的优缺点，为之后的角色转换打下基础。

3.4 敞开心扉，适当自我表露

一、自我表露的内容

初相识时，人们会讨论天气、饮食等与双方无关的一些话题，而当两个人慢慢地过渡到朋友、好朋友、恋人时，讨论话题的深度会逐渐加深，从与双方无关到与单方相关，再到与双方都相关。

在最开始的时候，为了吸引对方的关注，我们会尽可能地展现自己的优势，隐藏自己的缺点，但在两个人有了感情基础之后，我们就可以开始展现更真实的自己了。

表露真实的自己不仅可以为两个人的将来打下基础，还可以有效地打开对方的心扉，增进感情。

心理学家奥尔特曼与泰勒用社会渗透理论（Social Penetration Theory）来解释自我表露对人际关系发展的影响：人就如同洋葱，洋葱皮的层次代表人格的不同方面，他人可以直接看到的是最外层的洋葱皮，即我们的公共形象，而亲密关系的形成是一个"渗透"过外层洋葱皮，对一个人的内在自我加深了解的过程。

社会渗透理论包括两个维度：自我表露广度和自我表露深度。

广度，我们可以理解为所讨论话题的范围。比如，你和相亲对象从讨论天气、兴趣爱好之类的话题，到开始谈论工作、家庭、生活、投资、理想等多个方面的内容。深度，我们可以理解为讨论话题的深度，涉及人的所思所想方面的深度。

社会渗透理论认为，自我表露促进关系进展，可以分为四个发展阶段：

摸索期：双方是点头之交，讨论的话题可能涉及兴趣、爱好等；

情感试探期：了解对方对一般事物或事件的看法和态度，例如对某个政治事件的评价；

情感期：开始谈到一些私事，如自己与父母的关系；

稳定期：关系进入深层次阶段，可以互相预测情绪，谈论的内容属于隐私部分，不会轻易透露给别人。

自我表露程度是反映人际关系深度的重要标志（见图3-4）。人们正是通过互相进行自我表露才让关系从表层交往到达密切交往。（下图转译自：戴·沃森《社会心理学：原理与应用》1984年版，第130页。）

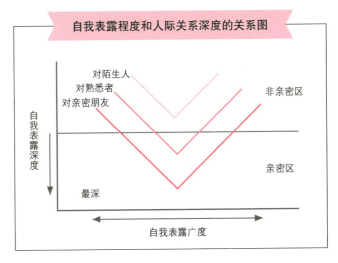

图3-4

例如两个人刚刚开始相亲，所讨论的话题范围通常比较窄，包括天气、星座、家乡、活动范围、兴趣爱好等比较安全的话题。如果两个人的沟通能力比较强，话题范围可能会更广泛一些，但在他们彼此还比较陌生的情况下，话题是无法深入的。

当这类安全的话题持续了一段时间，两个人对彼此有了一些了解，也有了一点儿感情基础后，他们会开始讨论略深一些的话题，例如对某些政治事件的想法、对娱乐八卦的评价、对未来的人生计划和职业抱负等。

通过探讨这些观念类的话题，两个人会对彼此更加了解，有了较深厚的感情基础后，谈话内容涉及更深一些的情感及自我之类的话题，例如自己和父母的关系、自己之前的感情经历等。

最终，当两个人变成了最亲密的关系后，表露的内容就会涉及自我的隐私部分。

在推进感情更进一步发展的阶段，如果我们不对对方进行自我表露，总是让话题围绕在表层上，就没有办法去真正了解对方。相亲初期常会发生这样的事情：两个人的沟通仿佛很顺畅，却没有继续交往下去，双方可以从国际政治谈到娱乐八卦，从娱乐八卦谈到股票行情，再从股票行情谈到生活琐事，但这些都是处于表层水平的话题，两个人仍然只能算普通朋友。慢慢地，当没有可聊的话题了，两个人的关系也就不了了之了。

因此，在合适的时机进行自我表露，让两个人的话题深入下去，是推动感情发展的有效方式。根据社会渗透理论，人际交往中自我表露的程度是相互的。当你对相亲对象的自我表露处于第一层，即仅仅谈论兴趣爱好时，那么对方往往也是基于第一层级与你分享他的兴趣爱好。当你与相亲对象深入交往，随着关系逐渐亲密，你逐渐加深自我表露的层级时，对方也会相应地与你分享同层级的内容。自我表露促进了双方的互相了解，推动了恋爱关系的发展。

当然，自我表露的程度和感情的深度是一致的。我们在分享秘密的时候，也要注意循序渐进，不能前一刻还在谈论兴趣爱好，下一刻就询问对方的感情生活，这样冒失的做法容易让对方感到不舒服。

【珍爱案例】

王先生和赵女士都因离异受到过感情的伤害，两个人在咨询师的介绍下认识并交往了一段时间，但当时两个人都有些顾忌，虽然他们都很想重新开始一段感情，但是也都很害怕再受到伤害。因此，咨询师鼓励赵女士向王先生坦诚，跟他说一些自己的心里话，包括自己害怕受伤的心情。赵女士就照着做了，之后反馈说感觉很好，跟王先生敞开了心扉，觉得很轻松，而且王先生也跟她说了他之前被前妻背叛的事情。之后两个人的感情发展得很快，不久后两个人就结婚了。

分析：王先生和赵女士互相表露了自己内心的脆弱后，彼此的距离大大拉近。他们知道对方跟自己一样对这段感情既期待又顾忌，就没有那么多隔阂了，由此促进了感情的发展。

二、自我表露的方式

心理学家认为，自我表露可以分为事实表露和情感表露。

事实表露是指揭示个人经历和信息的行为（如：我曾交往过三个伴侣）。

情感表露是指那些透露个人情感、观点和判断的行为（如：上一次分手很痛苦，我不确定自己是否还能再爱别人）。

尽管这两种类型的表露都向他人展示了个人信息，但涉及情感和感觉的表露最接近一个人自我定义的核心。与那些仅仅是事实的自我表露相比，包含情感的自我表露能使双方产生更大的亲密感。

【珍爱数据】

珍爱网调查数据显示：71.0%的男性和76.3%的女性会在对方说"我辛苦做的方案没通过，我觉得心里很难受"的时候，更容易关心安慰对方，如图3-5所示（数据来源于2019年8月，珍爱网问卷调研《为什么被拒绝的总是你》，样本数量533人）。

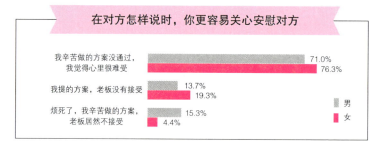

图3-5

除此之外，"我提的方案，老板没有接受"是事实表露；"我辛苦做的方案没通过，我觉得心里很难受"是情感表露；"烦死了，我辛苦做的方案，老板居然不接受"这种表达方式类似于情绪发泄，是负面的抱怨。

正如上文提到的那样，情感表露更接近自我定义的核心部分，会让对方产生更多的认同感和亲密感，因此我建议在和对方深入交流时，多讲自己的感受和感情！

3.5 循序渐进地进行肢体接触

　　心理学家发现：肢体接触能增加好感，产生这种现象的原因来自婴幼儿时期父母的抚触。在婴幼儿时期，我们被抚触意味着被保护、被关注、被爱，是安全的。婴儿在意识中会把抚触和安全联系在一起，被抚触即感到愉快和舒服。

【参考资料】"电话亭测试"实验

　　明尼苏达州立大学的研究者们进行过一项被称为"电话亭测试"的实验。

　　在实验研究的第一阶段，研究者将一枚硬币留在了电话亭里，在被测试对象进入电话亭后，一名研究者会跟进去对被测试对象说："你有没有看见我掉在电话亭里的硬币呢？我还要打一个电话，可是身上没有硬币了。"整个实验期间，只有23%的人承认看见了硬币，并将它归还。

　　在实验研究的第二阶段，研究者仍然将硬币放在电话亭的同一个位置上，不同的是研究者在尾随被测试对象进入电话亭的同时，轻轻地碰触他们的手肘，而碰触的时间不超过3秒钟，然后再向他们提出同样的问题。这一次，承认看见硬币的人上升到了

60%。在回答研究者们所提出的问题时，这些人大多会有些尴尬地说一些解释性的话，如"我刚才捡到硬币时向四周看了看，可是没发现有人，这才……"等。

被测试对象归还硬币的比例从23%上升到了60%，显而易见，第二阶段的被测试对象对于研究者的好感度有大幅度的提升，而一、二阶段只有一个步骤不同，即研究者碰触了被测试对象的手肘。

即使是陌生人，肢体接触也能增加好感度，更何况是两个熟悉的人呢？从这个意义上说，我们可以利用肢体接触来促使感情进一步发展。

例如，两人相处有点单调时，可以借故碰触对方的手、肩等不敏感的部位，让对方适应自己的存在，营造一种两人关系不错的氛围。

【珍爱案例】

　　吴先生和刘女士第一次见面时，他就被她开朗的性格、甜美的微笑吸引了，而刘女士只是觉得吴先生很真诚，对他没太多好感但也不排斥，对他的信息回复得也较慢。吴先生求助咨询师如何增进两个人的感情，咨询师根据他俩的兴趣爱好进行分析后，建议吴先生约刘女士参加户外活动——去某卡丁车基地。起初，刘女士不愿意赴约，咨询师给予指导鼓励后，其同意再次见面以确定心意。开车的时候，两个人共乘一部车，由刘女士来开。在开车的过程中，刘女士因对路况不熟悉险些撞到障碍物，吴先生就在旁边帮她转动方向盘，这个过程中他常常会碰触到刘女士的手。跑了一轮下来后，刘女士觉得还没玩够，吴先生便再次续费，两个人一起玩了好几轮才结束。这次见面后的第二天，咨询师询问刘女士通过这次接触对吴先生感觉如何，刘女士说比第一次见面亲切了很多，之后便同意先一对一地接触看看。

分析：约会过程中，我们可以通过简单的肢体接触来传递对对方的好感，再通过参与刺激的项目令两个人产生愉悦感。肢体上的接触一方面可以表达自己的好感，另一方面可以提前适应情侣间的亲密动作，让两个人都感受到恋爱的甜蜜。

同时，男女交往常常是男性为追求的一方，女性为被追求的一方，因此在进行肢体接触时，可以由男性主导，传达好感。

此外，若两个人交往顺利，却少了一点儿爱的感觉时，也可以用肢体接触的方式来制造一点儿火花，使量变转换为质变，从而升华感情。

【珍爱案例】

张先生的性格比较内向害羞，之前他和雷女士一直是在网上沟通，没有见过面。

两个人沟通了一段时间后，仍然只是朋友，没有任何进展。咨询师询问雷女士后才知道，原来之后两个人虽然偶尔也见面，但张先生因为比较内向害羞，所以每次都是吃饭聊天而已，雷女士也不知道张先生到底是怎么想的，心里很困惑，同时还有一点儿失望。

咨询师分别了解了两个人的想法后，建议张先生要主动一些，可以邀请雷女士去爬山，然后在对方爬不动的时候，借机牵一下雷女士的手，看看对方的反应。如果她没有拒绝的话，他可以再约她晚上看电影，看完电影回家分开前，可以拥抱一下。两个人用这样的方式一点点增加肢体接触，以适应彼此的存在，自然而然就会把对方当成恋人去交往了。张先生照做之后，发现效果非常好，雷女士也感受到了张先生对她的感情。两个人的发展渐入佳境，后来张先生请咨询师安排表白惊喜，两个人就正式交往了。

分析：张先生的害羞与被动让雷女士对他们的关系产生了困惑。张先生认识到了自己的问题后，用肢体接触表达了自己的心意，让雷女士感受到了他的感情。

肢体接触虽然能增加好感，但在实际使用中，我们要注意一个问题，即肢体接触有明显的性别差异。男性在希望发展至更亲密的关系时，会积极地碰触对方，而女性只有在双方关系已属亲密状态时，才会积极碰触对方。亲密度和双方的关系主导着男女碰触方式的改变。

【珍爱数据】

珍爱网调查数据显示：在和相亲对象相互熟悉的阶段，当对方主动碰触你的身体时，43.5%的男性觉得亲近，45%的男性觉得可以接受，一成左右的男性持反感态度；而8.1%的女性会觉得亲近，41.1%的女性觉得可以接受，五成左右的女性持反感态度，如图3-6所示（数据来源于2019年8月，珍爱网问卷调研《为什么被拒绝的总是你》，样本数量533人）。

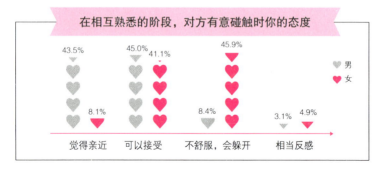

图3-6

对于男性来说，要特别注意肢体接触的尺度。

男女对于关系进度的感受不同，通常是男快女慢。有些时候，男性认为两个人到了产生肢体接触的时候，而女性可能觉得时机还不成熟，以至于对男性的肢体接触产生不舒服的感觉。

男女的性别差异会对人们的意识产生影响。女性对肢体接触更敏感，在她不情愿的状态下产生的肢体接触带给她的感受不好，甚至可能被认为是"占便宜"，甚至是"侵犯"。

因此，在双方关系向一对一发展的阶段，男性要注意循序渐进，给女性一个适应和接受的时间。

对于女性来说，则需要注意动作幅度不要太大，如突然的亲吻行为可能会让男士陶醉，但再深一步的接触却可能让男士认为女士作风开放。

在对方不反感的情况下，肢体接触可以参考以下方式。

男士适用：电影院环境昏暗又有台阶，可以借机牵对方的手，将对方带到位子上再松开；过马路的时候，男士站在女士左侧，顺势揽下肩，展示出保护的姿态；爬山的时候，不经意地拉对方一把；发现女士的头发有些乱的时候，帮忙稍稍整理一下；亲手给女士戴自己送给她的手镯或项链等。

女士适用：在走路的时候离男士近一些，摆手的时候可以轻轻碰一下对方的手；一起乘坐公交、地铁的时候，有意识地离男士近一些，车辆晃动的时候靠向他或者拉着他的衣角；发现男士的衣服有些褶皱的时候，主动帮他整理；在人比较多的地方走路时可以拉着男士的胳膊，或者用手挽着他等。

04

确定关系：

抓住时机，适时表白

所谓确定关系就是建立恋爱关系，恋爱在不同时代有不同的定义。现代通常认为，恋爱关系是两个人基于一定的物质条件和共同的人生理想，在各自内心形成对对方最真挚的仰慕，并渴望对方成为自己的终身伴侣，从而确定的最强烈、最稳定的一对一关系。

所谓表白，意思是向他人表示自己的想法或心意，特指表达爱意，又称示爱。表白通常被认为是建立恋爱关系的方式。

从陌生人到恋人是一个过程，男女双方要循序渐进地走到那一步。在这个过程中，我们会越来越了解对方，互相适应和磨合，但有些人往往不愿意投入时间和精力，觉得前期的积累和了解是浪费时间，恨不得刚见面就确定关系，这样往往无法真正走入一段亲密关系。

4.1 抓住恋爱好时机

恋爱好时机是指能推动双方关系有新进展（新进展包括从普通朋友阶段推向暧昧阶段，也包括从暧昧阶段推向恋爱关系阶段），让双方好感度迅速增加的机会。恋爱不能一蹴而就，而是需要双方把握好时机，让双方的关系迅速升温，为表白奠定基础。

那么，哪些时机是恋爱好时机呢？

4.1.1 对方情绪起伏时

（1）对方心情好时。心情好时，我们看待这个世界会更积极，对其他人更友善，对别人更容易产生好感。当该时机出现时，两个人一起出游约会的气氛也会更加轻松愉悦。同时，我们还需要考虑出游地点的舒适性和愉悦性，因为心情好不好不是我们能控制的，但我们可以制造让人心情舒适的环境，特别是约会时，舒适的环境会使人们对他人的好感度和评价更高。

【参考资料】

心理学家曾进行过一项实验：在室温38摄氏度、湿度60%的狭小空间内，实验者通过实验对象填写的意见调查表对此人的性格做出判断，同时记录实验者对此人的好感度；在另一个室温23摄氏度、湿度30%的房间也进行同样的实验。结果显示，温度、湿度舒适的房间里实验者对于同一实验对象给予了更高的好感评价。

【珍爱案例】

杨女士和岳先生认识一段时间后，两个人对彼此的感觉都是淡淡的，既不讨厌，也没到非君不可的程度。两个人就是偶尔聊聊微信，周末有空约出来喝喝东西、吃吃饭。几个月过去后，岳先生差不多要以为两个人无缘做情侣，打算让咨询师介绍下一个对象时，突然，转机出现了。

那天，岳先生下班比较早，想着再约一次杨女士试试。通电话时，杨女士马上就答应了岳先生晚上一起吃饭的邀约，不仅语气轻快，还说要请客。见面时，岳先生调侃杨女士："是不是有什么好事啊？看你春光满面的。"杨女士很开心地说："确实是有好事，我等了几个月的晋升连同加薪终于一起确定并公布了……"这顿饭，两个人吃得非常轻松愉快，晚上还破天荒地一起去看了夜场电影。从电影院出来，岳先生下定决心，不管怎样都要最后试一试，就鼓起勇气向杨女士表白了。结果出乎岳先生的意料，杨女士毫不犹豫地点头答应了。杨女士后来表示，自己那天心情很好，连带着看什么都觉得很好，原本对岳先生还有些迟疑和不满，但也决定不纠结这点儿小瑕疵了。后来两个人相处得很好，现在也结婚了。

分析：杨女士心情愉悦时，对岳先生会有更高的好感评价，同时整个约会的氛围也会融洽很多，这会直接让两个人的关系升温。

（2）对方难过、沮丧时。当对方痛苦、难过甚至沮丧的时候，你及时给予安慰与鼓励，可以迅速增加对方对你的好感。比如转移注意力；倾听，多听少说；表达支持；与他重温开心的经历；陪伴。

【珍爱数据】

珍爱网调查数据显示：当沮丧时，首先，男性和女性都更期望对方的陪伴；其次，男性更希望获得对方的支持，女性更希望对方能倾听自己，如图4-1、图4-2所示（数据来源于2017年12月，珍爱网问卷调研《相亲成功四级考试》，样本数量680人）。

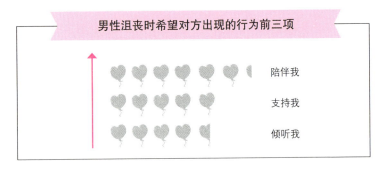

图4-1

图4-2

所以，当另一半感到难过、沮丧时，我们首先需要做的是陪伴对方。其次，由于两性差异，当男性沮丧时，女性要更多地表达支持，相信对方，给予他信心；当女性沮丧时，她们往往需要通过语言来表达自己的情感，抒发自己的感受，而男性要做的就是倾听，理解她的感受。

【珍爱案例】

刘小姐是家中老大，下面有两个妹妹，家庭条件一般，需要她承担的责任比较多，所以择偶过程中比较缺乏安全感，想找一个离家近的伴侣。王先生与刘小姐第一次见面后，觉得刘小姐性格好，完全符合自己的要求，但刘小姐比较介意王先生家和自己的老家隔得很远，而且他的个子也不高。第一次见面后，刘小姐就拒绝了王先生之后的邀约。

后来王先生再约时发现刘小姐因父亲生重病回老家照顾了，就立马买了长途车票去看望。然后两个人在医院见面了，王先生陪伴了两日才赶回去工作。一个月后，刘小姐回到工作岗位，因为耽误的工作有很多，所以非常忙。有一次刘小姐来例假，加上胃有点儿不舒服，痛得不行，室友们又都上晚班去了，刚好王先生习惯每天那个时候打电话给刘小姐，发现她的声音变了，有点儿不对劲，就立马赶了过去带刘小姐去医院检查，挂号输液，陪了一整夜。

刘小姐之前对王先生有些不认可，担心他不能给自己安全感，经过这两次事后，慢慢觉得王先生挺好的，给了她很多温暖，现在两个人的关系越来越融洽和谐。

分析：当自己难过、沮丧、需要支持的时候，交往对象能及时地出现在自己身边，这应该是每个人都期待的。刘小姐的父亲生重病时，王先生能陪伴在她左右表示自己的支持；刘小姐生病无助时，王先生又及时出现。这些陪伴和支持迅速增加了刘小姐对王先生的好感。

（3）对方害怕或兴奋时。也许很多人会感到好奇，为什么害怕或兴奋也是感情升温的好时机呢？因为当他感到害怕或兴奋时，会不自主地出现心跳加速、呼吸急促等生理反应，而当我们看到喜欢的人时，同样会出现心跳加速、呼吸急促等生理反应，所以，人们有时会分不清是因为情境心动还是因为人心动。例如，情侣们一起坐过山车或者一起看喜剧都会引起情绪上的波动，从而激发人们对对方的感觉，著名的"吊桥效应"正是这个原理。

【参考资料】吊桥效应

　　温哥华的卡皮拉诺吊桥，全长137米，宽1.5米。从一百多年前起，吊桥便以两条粗麻绳及香板木悬挂在高70米的卡皮拉诺河谷上。悬空的吊桥来回摆动，令人心生惧意。著名情绪心理学家阿瑟·阿伦做过一个实验：研究小组让一位漂亮的年轻女士站在卡皮拉诺吊桥中央，等待着18岁到35岁的没有女性同伴的男士过桥，并告诉那些过桥男士，她希望他能够参与正在进行的一项调查，她向他提出几个问题，并给他留下了电话。然后，同样的实验在另一座横跨一条小溪但只有3米高的普通小桥上进行了一次。同一位漂亮女士向过桥的男士出示了同样的调查问卷，并留下电话。结果是：那些走过卡皮拉诺吊桥的男士中认为这位女士漂亮的更多，大概有一半的男士后来给她打过电话，而从那座稳固的小桥上经过的十六位受试男士中，只有两位给她打过电话。

　　阿瑟·阿伦还做了另外一个实验来证实该效应。他让参与者随机分为两组，一组人跑步10分钟，另一组人未跑步，对比两组人看照片的评价结果。结果发现，运动后的人更容易被照片上的帅哥美女所吸引。阿伦从他的研究中得出结论，任何生理上的"激活"都可能令人更易心动。

【珍爱案例】

案例1：王先生和李小姐身处异地，两个人在微信上聊了一段时间后，因为一直没见面，关系有点儿僵住了。一段时间后，王先生从出差城市重庆飞回北京，李小姐去接机。当时北京雾霾严重，加上气流原因，飞机一直无法落地，在空中盘旋了数个小时，并且颠簸得厉害，飞机上有很多乘客哭了，王先生心里也十分害怕、不安。后来飞机终于安全降落，一下飞机，王先生就在接机处看到了等候多时的李小姐，突然就感觉心里很安定、很温暖。虽然是第一次和李小姐见面，并且是在机场，但王先生还是情不自禁地拥抱了李小姐。

后来，两个人迅速确定了恋爱关系，王先生也总是主动挤时间去看李小姐，不再像以前那么被动。对他来说，李小姐就是那个能让他感觉十分安心和温暖的人。

分析：王先生刚经历一场"生死危机"，情绪尚未平复，安全着陆后转危为安的同时看到了在接机处等候的李小姐，这让他迅速产生了安心的感觉。

案例2：曹先生经咨询师介绍认识了钟小姐，对钟小姐很有好感，锲而不舍地追求着对方，不过钟小姐反应平平。后来得知钟小姐喜欢张学友，而且张学友马上要去深圳开演唱会，曹先生就买了两张演唱会门票和钟小姐一起去看演唱会。

演唱会上气氛火热，大家都很高兴，钟小姐和大家一样非常兴奋，跟着一起呐喊、合唱，脸也红通通的。就在唱到一首煽情的慢歌时，曹先生突然拿出一束花来，大胆向钟小姐表白，钟小姐很惊喜，加上旁边观众的起哄，曹先生表白成功，钟小姐还送上了甜甜的香吻。

分析：演唱会的氛围很容易影响和感染现场的人，让大家处于一种兴奋和激动的状态。曹先生这时表白，也很容易引起钟小姐对他产生心动的感觉。

（4）对方感觉孤单时。一个人感觉孤单时，是最希望和某个人或某件事联结的，尤其是晚上独自一人时，是每个人防备心最弱的时候，最容易被打动，也最愿意倾诉自己的内心。

当对方想找人倾诉或者聊聊天时，翻遍手机通讯录也没找到可以打电话的人，翻遍微信也没有想主动去说话的人，而这时你刚好也在犹豫要不要给对方发消息，那当你主动走出这一步时，你的关注和关心就像雪中送炭一样具有强大的力量，会让对方感觉消息来得实在太及时了。

【珍爱数据】

珍爱网调查数据显示：对男性来说，晚上8点到12点，是聊天的好时段；而对女性来说，最佳聊天时间段是晚上8点到10点，42.5%的女性选择了该选项，如图4-3所示（数据来源于2017年12月，珍爱网问卷调研《相亲成功四级考试》，样本数量680人）。

图4-3

所以，如果你有喜欢的女性，找她聊天的最佳时间段是晚上8点到10点，时间越晚，她的聊天意愿越弱；如果你有喜欢的男性，晚上8点到12点之间，都可以找他聊天。

【珍爱案例】

卜小姐和熊先生起初并不是很来电，只是出于礼貌在QQ上简单沟通，聊聊生活。某天晚上，卜小姐翻来覆去睡不着觉，于是想找人聊聊天，就给熊先生发了一条短信，没想到熊先生马上回了信息，也说自己睡不着。于是两个人开始打电话，一直聊到凌晨2点多竟毫无困意。后来聊到电话没电了，两个人又转战到电脑上聊QQ，一直聊到第二天早上6点多还意犹未尽，但因为要上班不得已结束了聊天。

卜小姐以前对别人打电话聊几个小时很不屑，现在事情发生在自己身上，她觉得很不可思议。后来他们几乎每天晚上10点左右都会煲会儿电话粥，聊生活的趣事、家庭、婚姻等，并发现两个人有很多的共同点，什么都能成为他们的话题。大概相识半年后，两个人就在家人和朋友的见证下结婚了。

分析：卜小姐在晚上感觉孤单无聊的时候，得到了熊先生的及时回应。这个时间段的两个人刚好都有很强的倾诉欲望，所以就一拍即合了。

4.1.2 其他时机

（1）处在昏暗环境时。在昏暗的环境下，人们更容易做出亲和行为。

在光线比较暗的场所，约会双方看不清对方的表情，就很容易减少戒备而产生安全感。在这种情况下，彼此产生亲近感的可能性就会远远高于光线比较亮的场所。心理学家将这种现象称为"黑暗效应"。

【参考资料】

"黑暗效应"实验：加拿大多伦多大学和美国西北大学的科学家们将被试者随机分为两组，一组置身灯光较强的房间里，另一组置身灯光较暗的房间里。第一项实验中，被试者观看一段假想广告片，判断主人公是否因为上班迟到而具有攻击性的行为。结果发现，认为广告片主人公具有攻击性行为的被试者，大多来自光线较强的房间中。

第二项实验中，研究人员让另外两组被试者分别处在明暗不同的房间内，对一组词所表达的情绪感觉进行分类，如积极词、消极词和中立词等。结果发现，灯光较强的房间里的被试者认为

"鲜花"和"微笑"等词更积极，认为"牙医"和"医学"等词更中性。两组被试者对消极词的评价没有区别。

心理学家认为，灯光太亮更容易让双方察觉并放大对方的"攻击性"，同时也会增强人们对情绪化词语的敏感性。在光线比较暗的场所，彼此看不太清对方的表情，放松戒备、彼此亲近的可能性会远远高于在光线比较亮的场所。

正常情况下，不太熟悉的人会根据对方的反应和外界条件来决定自己的言语和行为，特别是对还不十分了解但又愿意继续交往的人，既有一定的戒备心，又会尽量把自己好的方面展示出来，隐藏弱点和缺点。"黑暗效应"解释了为什么在灯光昏暗的酒吧、舞厅，陌生人之间比在普通场合更容易相互认识，甚至更容易发展恋情，因为昏暗的光线会令人放松，从而降低警惕性和戒备心。

【珍爱案例】

　　王先生对何女士一见钟情，经常在白天约何女士，不过何女士对王先生感觉一般。一次偶然的机会，王先生在下班的时候遇上何女士，再次主动邀请她去吃晚饭。这次王先生选的是一家音乐餐厅，灯光昏暗，桌上点着蜡烛，氛围十分浪漫。在这次约会中，何女士主动向他分享了自己的一些小秘密，之后两个人的关系明显更进了一步。

分析：晚上在音乐餐厅用餐，很明显在昏暗的灯光下，何女士比之前更能敞开心扉，拉近了与王先生的距离。

（2）共同经历重要事件时。两性关系中非常强调共同参与、共同经历的重要性，与对方共同经历某些重要事件而培养出来的感情往往更受重视，尤其是当双方共同经历波折或考验时。很多人认为，爱情就是要经得起考验，要经历过波折，这样才算真爱。在这些人的眼中，时间和距离都不足以成为理由，如果是真爱，双方总会克服重重阻碍。

虽然他们一直认为这是理所当然的事，但又因为能做到的人实在太少，所以当双方真的克服重重阻碍或者经历一些重要事件还在一起时，他们会特别惊喜和感动，也特别珍惜。在这种情况下，告白很容易被接受，因此是非常好的谈情说爱的时机。

【珍爱案例】

姚小姐和林先生由咨询师介绍认识，一开始姚小姐看了林先生的照片觉得没眼缘，不打算见面。林先生却对姚小姐很有好感，一直都很主动地在微信上与她保持互动和联系。接触过程中，姚小姐也觉得林先生确实不错，不过总觉得少点儿什么。两个人就这样不咸不淡地接触了一个多月。

后来，一场意外车祸导致姚小姐的脚受伤，不能下地，那段时间林先生每天下班后会为姚小姐做饭，有时还会请假陪她去医院复查，所有的休息时间都在陪着姚小姐，还得忍受姚小姐因疼痛产生的坏脾气。在林先生的精心照料下，姚小姐恢复得非常快。

姚小姐被林先生打动了，在那段时间里，慢慢地对林先生越来越依赖。林先生用实际行动赢得了姚小姐及其家人的赞赏，姚小姐恢复后不久就毫不犹豫地嫁给了有责任心、有担当的林先生。

分析：姚小姐和林先生共同经历过了车祸事件后，在林先生照顾姚小姐的过程中，姚小姐看到了林先生的有担当、有责任心和细心，而林先生也并没有被姚小姐在脚伤期间的坏脾气给吓跑，这是他们关系中的一次宝贵经历，让两个人奠定了很好的感情基础。

（3）在特殊日子时。仪式感是一种很重要的东西，尤其对女性而言，仪式感能帮助她们获得安全感，所以在生活中，一些有特殊意义、有仪式感的时刻往往容易成为打开她们的心扉的关键时刻。比如，很多朋友一起庆祝生日时，很多人一起倒数跨年时，情人节、圣诞节等本身带有浪漫或爱的意味的节日等。沉浸在这种环境当中的人容易做出相爱的决定，也更容易接受一段感情或一个人。

【珍爱案例】

秦小姐和陆先生的正式定情日是在跨年倒数的时候。两个人刚开始交往的时候，关系并不稳定，后来秦小姐被派到外地去支教半年，很久才回来一次，就这样他们开始了异地恋。本来就不稳定的关系更加岌岌可危了，两个人经常产生矛盾、闹别扭，陆先生感觉这样下去，自己可能就要失去秦小姐了，于是就在元旦的前一天买了长途车票去看望秦小姐。到达的时候已经晚上10点多了，陆先生联系了和秦小姐一起支教的其他朋友，在江边摆了蜡烛、花瓣、气球，还制作了记录两个人交往点滴的视频：第一次吃饭的餐厅、第一次坐车的站台、第一次看电影的票根、第一次给她买的礼物等。秦小姐的朋友将她"骗"到江边后，突如其来的惊喜让秦小姐感动得泪流满面。两个人被热烈的气氛包围着，随着倒数、跨年，默默许下了一生的誓言。

分析：仪式感就是使某一天、某一时刻与其他时刻不同的一个特殊存在，它让陆先生和秦小姐本不稳固的关系突然有了一种特殊的意义，使得秦小姐对两个人的关系更有信心，关系也更加稳固。

【珍爱数据】

珍爱网调查数据显示，男性最希望有女朋友陪伴的前三种情景分别是：人生低谷期、孤单时（如生病吊盐水）、特殊节日时（如七夕节、圣诞节等）。女性最希望有男朋友陪伴的前三种情景分别是：孤单时（如生病吊盐水）、人生低谷期、害怕时（如一个人走夜路），如图4-4、图4-5所示（数据来源于2019年9月，珍爱网问卷调研《谁动了你们的爱情》，样本数量409人）。

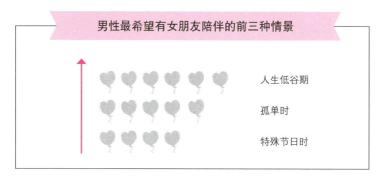

图4-4

图4-5

　　根据服务经验，咨询师们认为能让感情迅速升温，为表白奠定基础的时机中，排在前三位的分别是特殊节日时、对方感觉孤单时、对方心情好时。

　　综合不同数据可以看到，因为性别差异、个体需求或视角不同，最佳的恋爱时机会有所不同。建议根据实际情况和需求来选择适合自己的恋爱好时机：比如在对方孤单时、人生低谷期和特殊节日的时候，你可以多给对方一些关心和陪伴，有利于拉近你们的距离；当女性害怕时，如果能给予她及时的陪伴与保护，也许你就抓住了恋爱好时机，让她对你好感倍增；当男性心情好时，他渴望与亲密的人分享自己的快乐，你就可以在他心情好时主动了解他心情好的原因，并给予积极主动的回应，这会让你看起来更有吸引力。

4.2 识别适合表白的信号

追求异性的时候，我们要一步一步地打好感情基础，抓住关键时刻顺其自然地表白。一般情况下，判断是否可以向情侣关系发展有三种程度的信号，一段关系中这三种程度的信号可能依次全部出现，也可能只出现其中一种或几种。

珍爱网调查数据显示，单身人群中有近一半的人不知道适合表白的信号，下面我将详细介绍不同程度的信号表现，帮助你更快地了解自己与对方的关系状态，确定当下的时机是否适合表白，为你们的关系顺利发展打下基础。

一、处于普通朋友阶段，不宜表白

联系频率： 如果对方的表现是接你的电话、回你的短信，但可能回复得并不及时，偶尔也不回复，内容平淡，态度礼貌，虽然从不主动，但至少愿意和你保持联系，这就是对待普通朋友的态度。当然，如果对方根本不理你，那就是连普通朋友都不算了，你就可以考虑放弃这段关系了。

约会见面： 对方对你的邀约大多拒绝，并且没有花心思来找合适的借口。

肢体接触： 对方偶尔答应你的邀约出去玩时，对你的肢体接触比较敏感，很注意保持一定的距离，减少肢体接触。

这个阶段对方明显能感觉到你的示好，但可能并不认为你是合适的对象，又不想失去你这样一位对他有好感的潜在对象，因为我们通常会给喜欢自己的人留有余地，不会太过绝情。这时我们最容易犯的错误就是沉不住气，经常想：如果不做点儿什么的话，怎么改变他对我的态度呢？可惜的是，大多数人没有方向，也缺乏技巧，往往弄巧成拙。

其实这个时候最好的做法是按对方能接受的频率，保持联系或见面，耐心地等待对方习惯你的存在。这种接近对方的方式，对女性尤其有效。女性是非常情绪化的，即便男性什么都不做，也可能有其他因素让她的心情和态度发生变化，所以保持联系、细心观察、抓住机会才是男性目前应该做的。

【珍爱案例】

案例1：谢小姐择偶比较重视的是对方的身高和收入。杨先生的收入没达到谢小姐的要求，见面后，杨先生对谢小姐的意向度很高，于是很主动，但谢小姐比较被动，偶尔回复信息，偶尔会答应出去见面。杨先生没有恋爱经验，交往时很直接，又有些大男子主义（如见面时非要给谢小姐买衣服，而谢小姐其实并不想要），会很直接地当两个人是男女朋友关系来相处（如直接和谢小姐规划未来等），这些行为让谢小姐很不乐意，甚至向咨询师反馈觉得无法再与他继续接触下去了。

后来咨询师和杨先生沟通时告诉杨先生，他现在和谢小姐仍处于普通朋友阶段，两个人需要时间多相处、多了解，不要太直接。杨先生后来有所改变，会尊重谢小姐的意愿，不急于表白确定关系，而是慢慢地积累好感。后来，谢小姐也愿意再给杨先生机会，继续和他接触。一段时间过后，杨先生在咨询师的帮助下向谢小姐表白，两个人成功恋爱了。

分析：谢小姐一开始对杨先生其实并不是很满意，就当普通朋友相处，但他太急于求成，直接当两个人是男女朋友来相处，这样给谢小姐造成了很大的压力，因此谢小姐对他更加不满，想要退缩。幸好在咨询师的指导下，杨先生改变了策略，循序渐进，才慢慢打动了谢小姐。

案例2：柳小姐热情开朗，对待感情特别认真；王先生形象帅气，收入颇丰。两个人见面后，彼此感觉都还不错，私下交换了联系方式。聊了几次后，王先生觉得和柳小姐聊得挺好，就迅速表白了，而柳小姐觉得两个人才认识不到两周，也只见过一次，对对方的了解很有限，还没发展到表白这一步，因此认为王先生对感情不认真，态度太随便了，就慢慢和王先生断了联系。

分析：在柳小姐看来，认识两周，见面一次，没有肢体接触，聊得也不多，两个人最多还只是刚认识的朋友。王先生迅速进入表白阶段的做法，让她很不喜欢，王先生对双方关系的错误把握直接导致了两个人的错过。

二、处于继续深入了解的阶段，需要等一等再表白

联系频率： 通常是你主动的时候多，对方主动的时候较少，但一旦你发起联系，对方都较热情地回复，并且跟你的沟通交流内容具体、感受丰富、话题有深度，倾诉性的内容也比较多。这时，代表他对你有一定的安全感和信任感，觉得你是能理解他的人。

约会见面：对你的邀约他有时间且没有其他安排时，都愿意赴约，如果实在无法赴约，也会向你解释清楚原因，避免让你误会。

社交圈子：对方对是否去见你的家人、朋友表现得很犹豫，也不太主动让你融入他的圈子，不会主动制造这样的机会，若是碰巧遇到了，他也不会表现得太过抗拒。

肢体接触：你们一起出去时，他对你的牵手、触碰肩膀等肢体接触不排斥，但也不积极，表现出犹豫不定，有时可能接受，有时可能拒绝。

进入这个阶段意味着双方的感觉还不错，你身上至少有他认可的一些优点，但你的客观条件可能不完全符合他的择偶要求，导致他还在观察考虑。你们可以暂时先当好朋友，如果这个过程中让对方发现你身上有可以弥补客观条件不足之处，他就会更加倾向于你。

这个阶段不意味着你可以马上升级，而是要继续保持这种恋人未满的感觉，等他对你们的关系有了一定程度的依赖之后，你再进行表白。此阶段你可以采取适当的亲密性肢体试探或暗示性表白，看对方的反应，若对方很抗拒则说明抵触，若是不反感或是默认，则表白成功率较高。

【珍爱案例】

钟女士和王先生第一次见面后，觉得王先生还可以，就是有点儿木讷，不太擅长聊天。在后来的接触过程中，钟女士回应得还算积极，也约王先生一起玩过几次，不过也仅止于此，双方并没有什么肢体接触，也没有见过彼此的家人和朋友。

王先生觉得自己条件不太好，虽然很喜欢钟女士，但是又不太会追人，情商不高，担心她不喜欢自己，迟迟不敢表白。后来咨询师回访钟女士对王先生印象如何，她反馈虽然王先生有不足之处，但优点还是挺多的。虽然钟女士没有直接表明态度，但咨询师也捕捉到了优点比缺点多这样一个积极的信号，随后就鼓励王先生在接下来的交往过程中试试肢体接触，看看对方的反应。

后来又经过一段时间的接触，双方的了解更加深入，王先生也尝试在过马路、看电影、一起散步时与钟女士有肢体接触，钟女士一开始有点儿纠结犹豫，到后面越来越大方，最终两个人确定了恋爱关系。

分析：钟女士对王先生的回应比较积极，也接受邀约，并且在咨询师的回访中反馈对方的优点比缺点多，说明她对王先生还是有一定好感的。不过因为双方没有肢体接触，亲密感还不够，这时表白的不确定性太大，所以咨询师建议两个人再深入了解一段时间，并且鼓励王先生慢慢地增加和钟女士的肢体接触，培养亲密感，之后再表白的成功率就比较高了。

三、处于时机成熟的阶段，适宜表白

联系频率：对方比较关注你，对你的话题积极响应，对你的生活充满好奇，微信联系得很频繁，回复很主动、很及时，基本每天都联系。

约会见面：对你的邀约他基本都会接受，有时甚至会改变自己原有的安排来迁就你的时间，或者有时他也会主动约你见面。

社交圈子：对方愿意去认识你的家人和朋友，也愿意让你进入他的圈子，认识他的朋友。

肢体接触：你们一起出去时，他对你的肢体接触不排斥，或者你们之间可能已经有过牵手、搂抱甚至亲吻等接触。对于男性来说，当

对方并不抗拒你的亲密接触时，再进行言语表白的成功率会更高。如果被拒绝，那很可能是对方需要一个考虑的过程，你要表现出轻松、自信的态度，可以说"没关系，我知道你还没准备好，我能理解，我也可以再等等"之类的话语。对于女性来说，主动碰触的机会要有，但不能太多，最好能制造机会让对方来碰触你。

处于这个阶段的双方对彼此的印象很好，都表示愿意进一步了解对方；会主动联系，不由自主地想到对方，信息内容表达能传递出一些情绪感受，和普通朋友发的信息感受完全不一样。

对于女性来说，如果感情已经到了比较深入的阶段，男性对你非常热情，赞美你、亲近你的时候，你就可以开始暗示对方对你表白了。比如你可以在对方关心你的时候说："你这么关心我，我好高兴，但你为什么对我这么好啊？"把问题抛给他，让他理清楚你们的关系。这个时候，你在前面的好感表达就发挥作用了，会让男性感到对你表白是有很大概率成功的，是很安全的事情，他就很有可能会对你表白。

当然，有的时候我们可能自己也无法确定对对方的心意如何，面对表白有些犹豫和摇摆不定，珍爱网参考斯滕伯格的"爱情三角理论"，设计了以下6个问题来判断双方关系的发展程度：

（1）当他生病或受伤时，你是否会很关心他，替他着急；

（2）你是否会和他分享你的个人想法；

（3）你是否打算继续和他保持一对一的交往关系；

（4）和其他异性相比，你是否更愿意和他待在一起；

（5）你是否和他有过身体上的接触，如牵手、拥抱、接吻等；

（6）你是否会考虑将来和他结婚。

若以上6个问题的回答都是"是"的话，你就不用纠结了，抓紧机会表白吧！如果有一些问题你仍不确定，则需要先解决问题再表白。

【珍爱数据】

珍爱网调查数据显示：在觉得双方合适的前提下，见面1~6次后考虑接受表白的男性占比（76.3%）高于女性（57.5%）；见面6次以上，考虑接受表白的男性占比（23.7%）低于女性（42.5%），如图4-6所示（数据来源于2017年12月，珍爱网问卷调研《相亲成功四级考试》，样本数量680人）。可以看到，相对于男性来说，女性对于关系的发展还是偏慢热的。

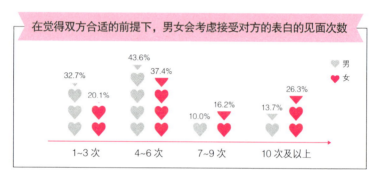

在觉得双方合适的前提下，男女会考虑接受对方的表白的见面次数

图4-6

根据调查结果，在双方都有好感的前提下，见4~6次后再表白比较合适。

【珍爱案例】

案例1：陈先生不善言辞，不太会表达，性格被动；刘小姐性格开朗。双方联系了一段时间后，刘小姐跟父母去惠州玩，陈先生帮忙在惠州订了酒店，还让自己在惠州的朋友接待他们。刘小姐也经常主动联系陈先生，会发给他一些出去玩或吃饭的照片，分享自己的生活状态。两个人外出约会或玩游戏时很配合，也会有肢体接触，但是因为陈先生没有直接表白，有时回信息也不及时，所以刘小姐还很怀疑陈先生是不是喜欢自己。而陈先生因为没有恋爱经验，也比较被动，加上有些自卑，所以也不确定刘小姐对自己到底是什么感觉，不敢表白。

后来，咨询师直接问了双方关于判断关系发展的6个问题，得到了双方肯定的答复。在咨询师的帮助下，陈先生鼓足勇气大胆地向刘小姐表白了，现在两个人已经到了谈婚论嫁的阶段。

分析：不管从联系频率、约会见面情况来看，还是从肢体接触、社交圈子方面来看，陈先生和刘小姐都已经非常亲密了，这个时候陈先生表白肯定会成功的。

案例2：林先生没有谈过恋爱，和白小姐接触了差不多一个月，两个人每天都在微信上联系，有时是林先生主动，有时是白小姐主动。两个人每周至少见面一次，之前都是一起吃饭、散步，白小姐反馈两个人聊得很好。后来他们一起去滑冰，林先生教白小姐怎么玩，白小姐对林先生的牵手、搂腰等肢体接触都不排斥，面对林先生的朋友时也比较大方。白小姐一直暗暗等待林先生向自己表白，可是一个月过去了，林先生仍没有明确表示。

后来白小姐春节回家，遇到了以前的同学，他得知白小姐单身后，就对她发起了猛烈的追求，很快就俘获了白小姐的芳心。再后来，林先生再约白小姐出去玩时就遭到了拒绝，白小姐也只当林先生是普通朋友，偶尔礼貌性地交流几句。

分析：从联系频率、见面次数、肢体接触和社交方面来看，林先生和白小姐的交往其实已经到了表白时机，可惜因为林先生没经验，比较后知后觉，又被白小姐的同学中途拦截，导致错过了机会。

4.3　确定恋爱关系的参考方式

4.3.1 女性确定恋爱关系的参考方式

从进化的角度来说，在择偶过程中，男性面对的最大问题并非来自女性，而是跟其他男性竞争。我们的意识中常见的择偶行为都表现为男性主动追求女性，且需要在过程中打败其他男性竞争对手。男性表白成功，从现实角度来说可以进行后续的交往；从心理角度来说，可以满足男性自身的征服欲，产生成就感。但如果女性表白，主动确定恋爱关系，男性会感到自己的主导地位受到了挑战，对女性的感觉很可能会从"需要保护的对象"变成"争夺感情主导权的对手"。

同时，珍爱网数据显示，在两性关系中，女性主动追求的比例仅为23.8%，表白的不到20%；男性的表白成功率接近70%，而女性的在50%左右。总的来说，女性主动追求或表白的成功率远低于男性。所以，我一般不建议女性直接表白，在女性对男性更有好感的前提下，女性可以通过一些方式去推进两人的关系发展，促使男性对自己表白，最终达到确定恋爱关系的目的。

一、提高自己的吸引力

女性可以尝试通过提高吸引力、展示高价值的方式激发男性对你的需求感。如果你能更多地激发男性的动力，让他不由自主地被你深深吸引，则更容易进入最终确定关系的阶段。

首先是外形方面。 曾有位男士对咨询师说："她每次见面都穿同一套衣服，难道没有其他衣服可以穿吗？太不会打扮自己了！"女士很喜欢他，但是他却因为女士不在意自己的形象管理而失去了兴趣。很多女生不懂或者不屑打扮自己，和男士见面时无法把自己的优点展示出来，反而总是暴露自己的短处或不足之处，对方当然不会对她们产生好感。要让对方愿意走进你的内心去了解你的美好，前提是你的外在让他感觉舒服。

其次是社交平台的建设。 随着互联网的发展，线上社交逐渐成为人们非常重要的社交手段之一，很多人添加微信之后首先就会关注对方的朋友圈，从朋友圈中了解对方是一个什么样的人，所以通过社交平台（如朋友圈、微博、QQ空间等）展示自己的高价值也是提升自身吸引力的一个重要途径。女性可以在朋友圈里展示自己的兴趣爱好、生活习惯、工作社交等内容，但需要注意的是，朋友圈里不能全部都是和女性相关的话题，你想要激发对方主动联系或追求你，就得留一些他能切入的角度，如发一些对方可能感兴趣的话题（如运动、时政、经济、车、人工智能等）。

最后是为对方提供高情绪价值。 在与男性的交往互动中，女性要为对方提供高情绪价值，让他感觉和你相处很舒服，这样他就会情不自禁地想经常与你待在一起。比如，你可以表现出对男性的认可和尊重，不吝赞美，也可以表示自己和对方相处得很舒适，对于对方做得比较好的地方及时肯定和表示感激等。但是，提供情绪价值不意味着倒贴或倒追，只是制造一种"我对你很有好感"的朦胧感觉，让对方忍不住开始更多地关注你的想法和生活，对你投入时间和精力，最终促使男性主动追求你。

情绪价值不仅仅包括让对方感觉"爽"，还包括影响对方的情绪的能力。当我们开始有能力影响一个人的情绪时，基本就可以判断我们在对方心里的位置了。

【珍爱数据】

珍爱网调查数据显示：有81.7%的人得到对方的联系方式后，会第一时间通过他的朋友圈等社交平台去深入了解他，如图4-7所示（数据来源于2017年12月，珍爱网问卷调研《相亲成功四级考试》，样本数量680人）。

图4-7

朋友圈等社交平台的建设很重要，它是你自身形象的展示平台，也是让对方了解你的一个途径，良好的社交平台展示可以给对方留下一个较好的印象。

【珍爱案例】

案例1：方先生和林小姐在初步了解后，发现两个人的"三观"比较契合。林小姐非常喜欢方先生，但是方先生认为林小姐体形偏胖，不够满意。咨询师鼓励林小姐不要灰心，努力健身，改变外在形象。在接下来的两个月中，林小姐没有频繁地联系方先生，而是成功地减肥30斤，形象和气质有了很大的变化。林小姐将自己减肥后的照片发到朋友圈，方先生看到了很是惊讶。后来两个人在咨询师的帮助下在门店又见了一次后，方先生对林小姐念念不忘，非常积极主动地向林小姐示好，两个人迅速建立了恋爱关系。

分析：当对方对我们有不满意之处时，当务之急应该是找到症结所在，解决问题，而不是频繁地纠缠对方。一旦我们提高了自身价值并展示出来，对方自然会被我们吸引过来。

案例2：郭小姐，没有谈过恋爱，外形素净小巧；李先生，离异未育，自己开公司。两个人见面之后，彼此感觉还不错，聊了近一个月，见过三次。李先生在工作中认真、有魄力，谈吐也很有风度，生活中很有才华，组社团玩音乐，还给郭小姐发过自弹自唱的视频。郭小姐被李先生工作和生活中的样子深深吸引了，但没有展示过自己的高价值，所以李先生没有完全被她吸引，两个人的关系停滞不前。

后来，咨询师建议郭小姐可以再多注意一下形象管理，发挥外形优势，打扮得再精致一些，同时还可以通过朋友圈发一些自己的绘画作品，不经意地把美术功底呈现出来。又经过几次接触后，李先生感觉郭小姐好像也没那么无趣，两个人互相欣赏，相处日渐融洽。

分析：当两个人关系停滞不前时，女性也可以通过一些方式来吸引男性，主动推进关系发展。郭小姐通过形象管理、朋友圈建设，展示了一个立体的、与之前不一样的自己，提高了自身的吸引力，激起了李先生继续和她相处、探索的欲望。

二、表达好感

首先，两性相处时，有些男性不进行表白是因为害怕自己被拒绝，所以女士的好感暗示就是给对方的定心丸。比如约会时，偶尔不经意地有一些肢体触碰，让他更想靠近你；还可以在和他的对话中表达一些暗示性的好感信息，如"我昨天去了×××，真的特别漂亮，当时就在想要是你也来了的话，肯定也会喜欢的。""我觉得跟你聊天特别愉快，我说的每一句话你都懂，感觉很默契。""我昨天看到你在朋友圈里发的家常菜了，是你亲手做的吗？真是太厉害了！现在像你这样会做饭的男人越来越少了，你未来的女朋友肯定很幸福。"

除了好感暗示，投其所好也是表达好感的方式之一。比如你从朋友圈或他人那里了解对方喜欢什么，对什么感兴趣，然后就可以多聊一些相关的话题；在自己的朋友圈多发一些相关内容的动态，引起他的关注；自己动手做一些他爱吃的食物；向他示弱，请他帮忙（示弱的地方正是他特别擅长的内容），当他提供帮助后，就可以顺其自然地约他一起吃饭表示感谢等。

最后，你还可以通过主动邀约或主动增加互动的方式来表示好感，可以直接向他透露自己的休息时间或询问他在休息时间的安排。比如你知道他很喜欢看动漫展，就可以说："周末会展中心有一个动漫展，我还挺想去看看的，你周末什么安排啊？"通过对方对你所抛出去的邀约信息如何反应你也可以判断他是否被你吸引，或者对你的好感程度。

三、引入潜在竞争

大多数男性在两性关系中比较懒，习惯维持一种关系，不愿改变。如果他不用改变或不用努力就可以和你相处得很舒服，就不会有动力去确定你们之间的一对一交往关系，也就不会主动表白。如果你感到很被动，在两个人的关系陷入僵局、无法推进的情况下，可以尝试通过引入潜在竞争的方式，让他感受到如果不做些什么来改变现状，确定恋爱关系，很有可能会失去你。比如生日时发一条朋友圈——"收到很多喜爱的礼物，不过还在等待最想要的那份"并配上有暗示意味的礼物照片（如花、巧克力或口红等）。

但是，需要注意，在引入潜在竞争制造危机时要把握好尺度，不能给对方留下水性杨花、朝三暮四的印象。你表现出来的态度应该是"我倾向于你，出现这种情况不是我所希望的"，声明是朋友介绍的，自己拒绝了好几次，但又确实没有正在交往的对象，实在不好意思再拒绝等。

当然，推进关系发展，引导男性表白的方式还有很多种，你可以根据具体的相处模式来进行规划，但如果已经做到了上述几个方面，也给了对方一定的时间还没效果，那么很可能他真的并不想和你进入恋爱关系。此时你不如及时止损，把精力用在提升自己或者寻求其他合适对象上。

【珍爱数据】

珍爱网调查数据显示：在两性关系中，男性喜欢女性推动关系的方式分别是表达好感，暗示喜欢（35.7%）；了解对方的兴趣爱好，投其所好（34.4%），如图4-8所示。

而女性在遇到喜欢的男性时，较多采取赞美和认可（28.3%）、提高自己的吸引力（24.0%）等方式来推动关系的发展，如图4-9所示

（数据来源于2018年12月，珍爱网问卷调研《快过年了，如何快速脱单》，样本数量2963人）。

图4-8

图4-9

女性在推动关系发展时，大多从提高或改变自身价值出发；而男性期望的方式可能更具主动性。建议女性在推动恋爱关系发展时，可以多多尝试男性喜欢的方式。比如主动向对方表达好感，暗示自己喜欢他，或者多了解男性的兴趣爱好，投其所好。

【珍爱案例】

李女士喜欢有才华的男士，见了很多位男士后被张先生吸引，但张先生介意李女士不够高，对她感觉淡淡的。

　　李女士通过张先生的朋友圈了解到他对投资理财感兴趣，喜欢养花。于是，李女士就每天都给张先生分享一些投资理财的信息，介绍投资类的书，每天都主动找话题，聊投资、聊花花草草等。这样聊了3周后，张先生开始主动关注李女士的朋友圈动态，有时还会问她怎么没有更新朋友圈了。即便如此，张先生还是觉得李女士不够好。渐渐地，李女士就降低了联系频率，偶尔发朋友圈会发一些暗示自己身边有追求者的内容。这时张先生着急了，开始关心李女士最近的状况，频繁地给李女士的朋友圈点赞或留言，发微信找李女士聊天，并约她出去玩。

　　分析：李女士首先了解了张先生的兴趣点，投其所好地让对方跟自己多接触，并形成习惯。因为在对方被自己吸引前，只有聊他喜欢的话题，他才会愿意聊。当张先生习惯了李女士的关心和存在后，李女士降低了联系频率并引入了潜在竞争，这让张先生有了危机感，促使他认清了自己内心其实是很在乎李女士的。

4.3.2 男性确定恋爱关系的参考方式

　　正式确定关系的表白最好面对面进行，而不是通过微信或电话隔空表白。很多男性认为，当面表白被拒绝了很尴尬，不如隔空表白，对方要是愿意接受自己，肯定不会在意形式；要是不愿意接受，那也没关系，反正挂了电话就好了。

　　事实上，这种想法是错误的，因为隔空表白会让对方感觉你对感情不够重视，或者怀疑你是在开玩笑，不够有诚意，因此也当成玩笑一笑了之，这种方式被拒绝的可能性往往较大。男性表白时一定要有足够的诚意，说出自己的内心感受以及喜欢对方什么、自己接下来的规划等。除了言语上的表达，最好还有礼物，男性要出其不意地用细节打动对方。通常情况下，在前期铺垫足够的基础上，表白是顺其自然的事情。

一、第三方撮合表白

在通常情况下，对于双方的交往程度，咨询师会及时了解并帮助摸清楚双方的心意。当感情进展到只欠一个仪式时，咨询师也会提醒男士尽快表白把关系确定下来。最常见的就是将女士约出来，男士提前准备好花，布置一个浪漫的场景，当不知情的女士被约来时，会很惊喜。男士再当众表白，在大家的善意起哄下，关系就确定下来了。

二、生日或节日惊喜表白

生日或特殊节日（如圣诞节、情人节、新年等）是表白的好时机，给对方准备一份特别的礼物，对方拿到礼物的那一刻，自然就明白你的心意了。

比如Candice生日的时候，正在相处的男士送了她一份礼物，她满脸笑意地打开盒子后，发现里面是7个品牌的口红，7个品牌的首字母连接起来刚好是她的英文名。Candice很意外，也很感动，男士顺势表白，然后两个人就确定了关系。

三、亲密肢体接触后顺势表白

"女朋友"是一种事实，而不只是一个身份。比如两个人一开始是普通朋友，慢慢变成好朋友，再变成无话不谈的知心朋友，有了感情基础，慢慢积累出情绪后，某次看电影时你"不小心"拉了她的手，或看完电影后蜻蜓点水般快速吻一下她。如果她不拒绝你的这些亲密行为，接下来你就可以表白心意，正式和她确定男女朋友关系了。

可以帮助表白的肢体接触方式还有很多，如公交车上人多时，你以保护对方的姿势把她圈在你的怀抱内；送对方项链或手链时帮对方戴上；对方的头发上有树叶或小东西时帮她捋头发等。

四、其他表白形式

（1）借助共同点进行表白。人们普遍喜欢那些和自己很像的人，所以在表白的时候找到你们的共同点，通过共同点进行表白的成功率相对要高一些。

如果你们都喜欢音乐，你可以通过音乐进行表白。比如约她在一家音乐餐厅吃饭，事先和老板打好招呼，用餐时，你上台去为她唱一首歌，当众表白。这种方式非常浪漫且容易成功，但难度较大，需要对自身的歌喉有一定信心。如果不会唱歌的，你也可以点一首她喜欢的歌送给她再表白，效果也不会差太多。此外，还可以采取一些比较取巧的方式，曾经有位男士把自己收藏的音乐列表截图发给了喜欢的女士，音乐列表中每首歌的第一个字连起来就是一句表白的话，和古时的"藏头诗"有异曲同工之妙，这也是不错的表白方式。

如果你们都爱看书，你可以送一本书给她，然后在书里找到你想表白的话，把那些字用红圈圈出来，然后和她说书里有个谜语，看她能不能把谜底找出来。当她把这些字都找出来并组成句子后，就收到你的心意了，这时候你再最后确认一下就可以了。

（2）"欲扬先抑"的表白。当两个人的关系迟迟没有突破，你又能感受到对方其实对你也有好感时，可以用这种比较大胆的方式：先制造紧张氛围，然后再突然转折，让她降低防备，没时间思考其他选择，只能走入你设置的答案里。比如你们接触了一段时间之后，你和她说"我给你介绍个男朋友吧"，她肯定一脸惊讶，心里腹诽"你什么意思，这是没看上我，所以要把我介绍给别人吗？"不管她怎么回答，你都可以继续下去，按你自己的样子去介绍这个"男朋友"，到这里的时候，她基本就能明白你说的就是你自己了。如果对方没有明白，继续问你："这个人是谁啊？"你也可以揭晓谜底说："就是我，让我做你的男朋友吧！"

【珍爱数据】

珍爱网调查数据显示，58.2%的男性在追求异性时，对自己表白成功有信心，但只有39.6%的女性对自己表白成功有信心，如图4-10所示（数据来源于2018年12月，珍爱网问卷调研《快过年了，如何快速脱单》，样本数量2963人）。

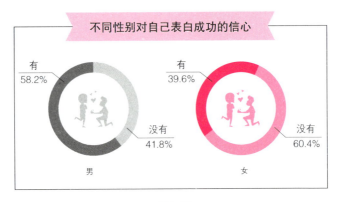

图4-10

在成功表白这件事上，男性明显比女性更有信心。

在表白方式上，男性较常采取的表白方式是：通过微信和电话表白（35.7%）、有亲密肢体接触顺势表白（29.2%），如图4-11所

示；而女性最喜欢的表白方式是：制造浪漫惊喜表白（42.9%），如图
4-12所示。

图4-11

图4-12

珍爱网咨询师服务经验表明，女性喜欢的男性表白方式中排前三
的是：制造浪漫惊喜表白、通过微信和电话表白、有亲密肢体接触顺
势表白。

综上所述，当两个人相处融洽、准备表白时，建议男性多采用布置
浪漫场景、给女性惊喜的表白方式，这样会更容易获得女性的芳心！

【珍爱案例】

案例1：王先生在追求钟小姐的男士中并不突出，却是最上

心的一个，每天不低于10条的微信互动，即便对方没有及时回复也是如此。他第一次约钟小姐吃饭还买了巧克力当礼物，钟小姐觉得王先生很贴心、细心。相处一段时间后，王先生想要表白，但不确定要怎样做。

后来，在咨询师的帮助下，王先生了解到钟小姐觉得对比之下，王先生对她是最好的，但是缺乏一点儿仪式感。于是，情人节的时候，王先生买了黄金转运珠和一大束玫瑰花，咨询师帮他布置了浪漫温馨的表白场景，以别的事由把钟小姐约了过来。在大家的见证下，王先生大胆表白，钟小姐很感动，当场就答应了。

分析：即使自身条件不够好，只要你肯多用心，也是能为自己加分的。借助第三方先打探清楚对方的心意，再来一场隆重的表白，能让对方感觉自己真的被重视、被珍惜。

案例2：万小姐过生日时和朋友一起约在音乐餐厅吃饭，餐厅的大屏幕上可以放照片、送祝福，还有乐队可以现场点歌。林先生早早地就来到了餐厅，跟餐厅老板商量好，也和乐队主唱确定了一首万小姐最爱听的歌。

吃饭时，餐厅大屏幕上突然开始播放林先生和万小姐的照片，有之前两个人一起出去玩时拍的，有林先生偷偷拍的，还有万小姐曾发给林先生的，同时乐队主唱开始演唱万小姐最喜欢的一首歌。伴随着歌声，大屏幕上出现了一封信，短短的几行字都是林先生亲笔写的想对万小姐说的话。氛围营造到高潮时，林先生站在大屏幕前，勇敢地向万小姐表白了。

万小姐非常感动，觉得林先生很用心，虽然被这突如其来的表白搞得有点儿蒙，也很害羞，但还是很开心地接受了林先生。

分析：在生日这种特殊的日子，以音乐为桥梁表明自己的心意，既浪漫又值得纪念。

案例3：张先生很喜欢聂小姐，常常会给她制造小浪漫、小惊喜。当聂小姐说想吃某个甜点时，他就会悄悄买了送到聂小姐面前。相处一段时间后，张先生把聂小姐约到了音乐喷泉前，两个人一起看喷泉。晚上的灯光营造出浪漫的气氛，张先生拿出自己精心挑选的珍珠项链送给聂小姐，聂小姐很感动并让张先生帮自己戴上。张先生就趁着帮聂小姐戴项链之际，轻轻地搂住聂小姐，在她耳边温柔地告白了，聂小姐感动地答应了。

分析：女性是感性生物，男性多用心制造小惊喜、小浪漫有利于感情发展，尤其在表白时，配合适当的情境，在亲密的肢体接触后顺势表白的成功率很高。

05

热恋期：

保持自我，理性投入

热恋期是一个相互依赖的"共生"期，在这个阶段中，激情元素占主导，恋爱双方渴望时时刻刻在一起，具有强烈的占有欲，会对对方提出很多需求，注意力高度集中在对方身上，情绪起伏较大。由于彼此了解得还不够深入透彻，恋爱双方看到的都是彼此的优点，所以对方的一切看起来都充满了吸引力。

5.1　常见错误心态：盲目投入、患得患失、托付心态

5.1.1 盲目投入

热恋表现为一种非常强烈的吸引力，在热恋初期，双方会爱得没有自我，所有的感知都放在对方身上，相信对方的所有，也容易盲目投入自己的所有，奉献自己的所有，考虑得不够长远。此时，大家要注意避免两方面的盲目投入。

一、金钱方面的盲目投入

双方在恋爱期间，总会有情感付出以及钱财往来，但若有一天物是人非，爱情不再，那也许随之而来的就是钱财的纠葛。

生活中总有很多人由于金钱上的纠葛而严重影响彼此之间的关系，特别是恋爱中的男女。恋爱中两个人的金钱关系处理不好，将直接影响爱情的深度。很多人在热恋时，把对方当成全世界，对方要什么就给什么，即便对方不要，自己也想无偿献上。但要知道，不管你和他多么相爱，这都只是整个过程中的一个短暂阶段，你们的热情终将回归平淡，你们甚至可能分手，各奔东西。

很多人说"我不介意钱呐"，这不是介意不介意的问题，而是恋

爱中的戒律。热恋中的你不介意，并不代表今后的你或他仍这样想。有句话说，"亲兄弟，明算账"，金钱方面计算清楚，是双方对感情的一种保护。当然，也并不是说你要计较得分毫不差，但是大体上应该清楚。不到万不得已，决不开口拿钱或者借钱，他没有这个义务来供养你的生活或者为你的雄心壮志无偿投入。

当然，也不是说你完全不应该花对方的钱，只是这个程度需要把握好。一支雪糕、一顿饭、一张电影票……这些肯定不算，但昂贵的服饰、奢侈的化妆品，甚至房子、车子等，就要尽量避免了。如果在热恋期要求对方有过多的金钱投入，很容易导致分手后的经济纠纷，双方在分手后要求对方归还自己曾经付出的钱财的案例并不少见。

当对方开口借钱（如以要创业或投资为借口，要求提供经济支持）时，另一方通常难以拒绝，一方面担心拒绝后，和伴侣之间会心生芥蒂；另一方面也想证明自己真的爱对方超过爱金钱，可以为爱付出一切，尤其女性会有这方面的顾虑。但如果一个男人开口向女人借钱，并因为没有借到钱而分手，那么这样的男人是否值得托付终身就需认真考量了，能及早地发现问题也不失为一件好事。

【珍爱数据】

珍爱网调查数据显示：对于热恋期的大笔金钱投入，毫不犹豫地答应的男性仅占16.8%，女性仅占3.3%，可见在这个问题上大家普遍较为理性。在拒绝的方式上，71.6%的女性和38.1%的男性选择委婉拒绝，如图5-1所示（数据来源于2018年3月，珍爱网问卷调研《热恋期，你有多"热"？》，样本数量328人）。

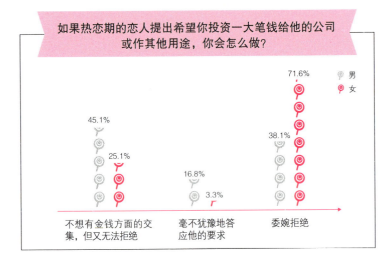

如果热恋期的恋人提出希望你投资一大笔钱给他的公司或作其他用途，你会怎么做？

45.1%

25.1%

16.8%

3.3%

71.6%

38.1%

男

女

不想有金钱方面的交集，但又无法拒绝

毫不犹豫地答应他的要求

委婉拒绝

图5-1

由此可见，大部分女性比男性能更好地表达，来委婉地拒绝恋人在金钱上的要求；相比之下，男性尽管不想与恋人有金钱方面的交集，却更容易碍于面子或者受传统文化影响，觉得男性就该有担当、照顾女性，所以无法拒绝恋人在金钱方面的要求。

二、身体方面的盲目投入

两个人往情侣方向发展，不可避免地会有身体的接触，从牵手开始，随着感情的加深，经过第一阶段的相识，确定关系后进入热恋阶段，这个时候身体接触的尺度和频率会比之前增加很多，如亲吻、拥抱，但过早地发生关系不见得是一件有利于双方关系发展的事情。

对于恋爱中的情侣，什么时候该进行哪一步亲密动作，应该保持什么样的交往节奏，并没有标准答案，需要根据自身的实际情况来判断。一般来说，大家可以考虑以下几点。

（1）自己的主观意愿。处于热恋阶段中的男女，通常会被恋人的甜言蜜语哄得晕头转向而半推半就地发生关系，但如果自己心里确实犹豫，并不确定是否要这么快发生关系时，最好止步。不要担心拒绝了对方会让他不满，或者让关系恶化。事实上，如果真的因为你拖延了发生关系的时间他就不满甚至以分手相威胁，那么证明你的选择是对的。

【参考资料】

康奈尔大学研究人员曾做过一个研究，他们访谈了近600名夫妻或是同居男女，询问他们什么时候发生的性行为、现在对两人的关系有多认真、多相爱、沟通情形、多久吵一次架以及对性生活的满意程度等问题。结果显示，在亲密关系后期与伴侣发生性关系的女性在婚姻中比那些仓促发生性关系的女性感觉更幸福。同时，较晚与伴侣发生性关系的男性的报告中也体现了更高水平的承诺和更少的冲突，只是数据不太显著。不过研究人员也表示，之前有研究表明男性对亲密关系的质量不像女性那样敏感。

（2）他提出发生关系的频率及态度。如果他在你第一次表达没有安全感、婉拒之后还不断地提出要求来试探你，你就更需要延后发生关系的时间，以观察他对待感情的真实态度。

5.1.2 患得患失

热恋期的恋人很容易患得患失，这是缺乏安全感的一种表现。患得患失的恋人通常会不断地揣测对方的心思或者某个行为举止，可能前一刻还高兴得手舞足蹈、开怀大笑，后一刻遇到一点儿不顺心的事情就垂头丧气、惊慌失措。患得患失的恋人可能会忽冷忽热地对待对方，让对方摸不着头脑；还可能为了让自己更安心而给对方设置种种考验，出一些看上去不可思议的难题，要对方去解决，从而测试对方到底有多爱自己。事实上，他们并不看重结果，而是在意对方解决难题的态度。

【珍爱案例】

陈小姐和李先生在热恋期时曾谈到结婚礼金的问题。陈小姐想趁机考验一下李先生对她的爱是不是重于一切，便"狮子大开口"地说："结婚礼金我要60万。"而李先生一年的收入也就20万左右。李先生考虑了半晌后，用很为难的语气说："没有。"陈小姐不依不饶，非要李先生给出60万，并质问他是不是不爱自己，连这点儿钱都不愿给。在表达了坚决的态度之后，李先生沉默了很久，后来两个人很长一段时间都没有联系。

陈小姐认为，用钱来衡量一个人是否爱你，其实是很客观的。她想要一位百分之百付出的男士，在金钱方面也是如此。

由于李先生家庭条件并不好，所以陈小姐更想考验他会不会对金钱格外在乎。好在李先生是一个情商比较高的男士，想了几天终于想明白了这只是陈小姐缺乏安全感的表现，并不是无理取闹，只要自己能让她更有安全感、更有保障就好了。所以，后来他说了一句："虽然我现在给不了你那么多，但我现在有的和今后有的，都会给你。"陈小姐听后非常开心，不久后两个人就结婚了。

分析：陈小姐设置考验其实就是她缺乏安全感的体现，对于李先生一开始的沉默她表现得不依不饶、失望低落，而当后面李先生表态之后，她就很开心了。虽然还是给不出60万，但李先生的态度让陈小姐很安心。

【珍爱数据】

珍爱网调查数据显示：热恋期为了证明对方爱自己，55.8%的女性会给对方设置障碍进行考验，而仅有31.9%的男性会这样做，如图5-2所示（数据来源于2018年3月，珍爱网问卷调研《热恋期，你有多"热"？》，样本数量328人）。

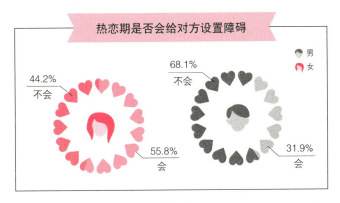

图5-2

由此可见，女性更喜欢给男性设置考验，这可能和女性本身的不安全感比男性更强有关。女性的这种不安全感来源于自身角色定位、性格以及对关系的期待等因素。社会文化及传统观念使得大多女性在两性关系中可能处于从属地位，总希望从男性身上获得支持和保障，而设置障碍来考验男性是她们获得安全感的重要途径。

5.1.3 托付心态

托付心态是指把自己托付给别人，把照顾自己的责任交给另一个人。就是因为这样，很多人把依赖当成了爱。在热恋期，尤其是女性，对男性有非常大的期望，指望对方来为自己的人生承担责任，许多重大的决定也希望由对方来为自己做，认为对方只有这样才算是真正爱自己，才值得托付。但事实上，托付心态很容易让对方厌烦，觉得和你在一起压力太大，从而产生退缩心理。

抱有托付心态的人在成长过程中建立起来的自我价值不足，需要环境的补足和别人的迁就，得不到这些，他们的负面情绪便会出现。托付心态的产生也跟家庭、学校和社会等成长环境有关，其中家庭影响最大。总的来说，人在一个得到太多爱或者太少爱的环境下都容易产生托付心态。

不要认为托付心态在恋爱中产生的影响不大，这种心态除了容易让人在一段关系中处于低位之外，时间久了还会让对方感觉到累，从而导致分手。

因此，在热恋期双方要注意自身在生活技能、专业水平、生活品质、心态等方面的提升，让自己成为高价值的人，慢慢地减少对他人的依赖。

【珍爱案例】

李先生因感情困扰找到咨询师请求帮助，觉得自己跟苏小姐在一起压力很大，因为苏小姐认为恋爱就要结婚，而且在日常生活中遇到任何事情都会找他帮忙。工作上，苏小姐遇到不会的事，不是找同事讨论，而是发视频给李先生让他帮忙解决；生活中，苏小姐想吃螃蟹，就要让李先生立刻买了快递到家；就连苏小姐的弟弟出国留学，她也想让李先生出一部分钱。李先生认为两个人还处在恋爱阶段，苏小姐就把生活中大大小小的事情交给他处理，他感觉很不自在，压力也很大。

　　分析：苏小姐在大大小小的事情上都依赖李先生帮助或处理，过多的托付行为让李先生感觉喘不过气来，想要逃避。其实在恋爱当中，亲密关系和互相支持是必要的，但是一方也要保持适当的独立性，不要事事都托付给对方，这样才能让关系得到良性的发展。

5.2　合理付出，让恋人真正感受到你的好

　　一个饥肠辘辘的人吃到一块美味的蛋糕会觉得很幸福；吃第二块、第三块蛋糕时可能觉得还可以；吃到第四块、第五块蛋糕时，可能就感觉饱了，不想再吃了。此时，再吃蛋糕已经不能带给他最初的幸福感了，这就是边际效用递减法则——在其他条件不变的情况下，如果一种投入要素（如蛋糕）连续地等量增加，增加到一定产值后，所提供的产品（带给人的饱腹感和幸福感）的增量就会下降。

　　边际效用递减法则虽出自经济学，但适用于我们生活中的方方面面。在两性关系中，理解掌握这个规律，对恋情也有非常大的帮助。热恋期，因为爱恋人，我们会全情投入，什么都想送到恋人面前，倾尽全力地对他好。如恋人下班比较晚，我们可能每天去接他一起下班；恋人提到在外面吃饭不干净、不卫生，我们就开始苦练厨艺，天天做给他吃……最开始时，这些"投其所好"的举动，肯定会深深地感动恋人。但人常常是去追求自己没有的东西，而忘记自己拥有的，随着时间的流逝，恋人会习惯我们的付出，并且因为边际效用递减法则，我们的付出让对方得到的幸福感越来越少，对方可能会把这样的付出当成理所当然，并产生更高的期待。即使你费尽心力地满足了对方，每天准时接对方下班，把自己的厨艺练习到大厨等级，对方仍可

能会有更高的要求，比如期望你每天去接他下班时带个惊喜的礼物，或者包揽所有的家庭事务。那时，你要怎么办呢？不再对恋人好吗？

当然不是，而是你要合理地对他付出，可以从以下三个方面入手。

（1）换着方式对他付出。在和恋人相处时，你不要用同一种方式一直付出，而要去尝试多种多样的付出方式。例如你可以这次去接他下班，下次给他做顿饭，下下次亲手给他做个惊喜小礼物，再下次送他一束玫瑰花。总之，你要多费点儿心思，短期内不要连续使用同一个方式对他付出。

（2）控制自己讨好恋人的欲望。在他需要时对他好，他不需要时停下来。当一种需求一直被满足，它也就不再是需求了。对于饥饿的人来说，后面几块蛋糕带来的幸福感逐渐减少，很大原因是他已经吃饱了，所以当他不饿时，我们就应该停止给蛋糕的行为。

这其中有三方面的原因：

①不要让他吃"腻烦"了。如果恋人没有需要，你却仍然用自己的方式对他付出，就会让对方感到有负担。例如，他不饿，你却一直塞蛋糕给他，即使他下次饿了，也不想吃蛋糕了。如果他不饿，你能及时停止，等到他下次饿了，你的蛋糕也许能重新带给他幸福感。

②没有痛苦的衬托，幸福也就显不出珍贵。对于恋人来说，只有在需求得到满足时才会有幸福感。如果我们一直主动付出，就会让对方没有"饿"的机会，当然也就没有在需求得到满足那一刻的幸福感。

③我们持续付出是有成本的，也会期望恋人给予回馈。一直努力却达不到想要的效果，不仅自己很累，而且可能也会对恋人产生怨言。

当恋人真正有需要的时候，你对他的好才是有价值的。他没那么需要的时候，你要学会停止，有张有弛才是正确的相处节奏。例如恋人说你做的红烧肉好吃，你天天做给他吃，就很容易让他吃腻，偶尔做一次给他吃也许会让他更开心。

（3）引导对方付出。大多数人不会珍惜轻易可以得到的东西，而会珍惜那些需要付出才能得到的东西。付出的内容包括时间、精力、金钱等。

同理，对恋人也是如此，你肯定是要对恋人好，但是这种好不应该是轻易的、无偿的、单方面的、无价值的，你必须引导对方也进行付出，有来有往才不是独角戏，才能让对方也参与进来，让双方的感情都得到滋养。

如果他说想吃你做的菜，你不要因为心疼他而把买菜、洗菜、切菜、炒菜、端菜上桌全部都做了，而是要给他安排任务："亲爱的，你想吃什么菜，先去市场买好、回去洗好，这样我回去就可以做了。"如果他想偷懒不去，你就说："正好我也觉得上完班有点儿累，不是很想做饭。"让他意识到你不是他的煮饭工，你对他好，他也应该对你好。

当然你安排任务的方式可以是多种多样的，是可以满足你的需求，让你有幸福感的，比如做完饭后让他洗碗、撒娇说很累让他帮你按摩等都可以。

你在安排任务的时候，也要注意方式，不要让对方感到这是交换，建议用撒娇或者共同完成一件事的方式去进行。

5.3　培养安全的亲密关系

在热恋期开始时就建立好一个健康的恋爱模式对两个人之后的亲密关系有非常大的帮助。

什么样的模式是健康的恋爱模式呢？它应该是能让双方都感觉放松、满足，不会因为爱而遭受痛苦和折磨的关系。但在现实生活中，爱情带来的不仅仅是愉悦，还有不安、焦虑、猜忌等种种负面情绪。人与人之间是不一样的，有些人在恋爱中感受到的总是愉悦和满足，而有些人在恋爱中可能总是感到担忧或焦虑。

与其说是每个人的恋爱方式不一样，不如说是他们的依恋类型不一样。正如本书第一章中提到的，依恋是儿童与抚养者（一般为父母）之间普遍存在的一种特殊关系，这种关系在孩子长大后同样会影响他与另一半之间的亲密关系。最为理想的安全型依恋者在热恋期的表现就是在一起很开心，不在一起不焦虑。作为一个成熟的个体，我们有足够的能力照顾自己，谈恋爱就是两个人在一起能够产生一些独自一个人时不能获得的成功和快乐。

不管我们属于什么依恋类型，都可以朝着安全型依恋者的方向去发展关系。但因为激情的作用，在热恋阶段，我们很可能会丧失理智而完全依赖对方或把自己托付给对方，忽略了独立的重要性。比如，

147

时刻要求对方报告行踪；经常要求对方保证爱你；经常为了验证爱，而故意制造波折；要求对方时刻陪在身边，不信任对方，束缚对方；随意猜忌对方与其他异性的关系等。

所以，我们培养安全的亲密关系的首要办法就是学会独立，可以参考以下方法。

一、提高自身价值

首先，你要学会进行积极的自我对话，试着改变自己的负面信念，肯定自我价值并且充分相信伴侣。例如，当伴侣没有立即回复你的消息时，当你有"他肯定和其他异性在一起"的想法时，要立刻察觉到自己的这种想法是凭空出现、毫无根据的，然后，试着用积极的自我对话重新解释这个场景，如"我相信他这时候一定在忙，没有看到我的消息，等他看到了就会立即回复我，他是爱我的，我是值得他爱的。"

其次，你要从行为上多增加积极体验，提高自我价值，相信自己值得被爱。具体有三点：第一，停止对自己的不满和批评，对自己犯的错误表示包容，多关注和肯定自己的优点。发现自身越多的优势，你就有越多证据来反驳自我贬低的声音。第二，丰富和发展自己的内心世界，多培养一些让自己全神贯注的兴趣爱好，像音乐、绘画、茶艺、阅读或运动等，让自己变得越来越优秀。第三，学习一些心理学的课程或参加一些咨询活动等，察觉自己未被满足的部分，进行自我满足，给自己投资。

二、少说"我该怎么办"

有些人一旦遇到问题或挫折，就习惯性地去寻找帮助，对身边的人脱口而出"我该怎么办"，那么从现在起就要开始转变这种思维，遇到问题或挫折时，首先应该做的是考虑自己怎么去解决，不要想着有人会帮忙处理。当然，刚刚开始尝试改变时会很困难，但你仍要去尝试，对自己狠一点儿，让自己想办法，尝试后再尝试，直到真的解决不了问题再去寻求帮助。坚持下去，学会靠自己。

三、勇于承担

有一部分人，总是看不到自己身上的责任，将问题产生的原因完全归咎于他人。比如一些家长，长期缺位对儿女的陪伴，当儿女在家里或者学校出现问题时，家长只会去抱怨小孩和学校，不会认为自己有问题。发生问题时，我们不要理所当然地想着与自己无关，去逃避、推卸责任、抱怨，要勇于承担属于自己的责任，只有这样才能真正让自己独立起来。当你越来越独立时，你会发现无论对于生活还是感情，你都无须去依附别人，人生的控制权本来就在自己手里。

【珍爱案例】

林先生和丁小姐在一起快21个月了，每天都会发自内心地跟对方说"我爱你"，彼此一直都是对方最热情的头号粉丝，崇拜和欣赏彼此身上的闪光点。林先生喜欢健身，每一次健身回来，丁小姐都会对他说"辛苦了"，然后夸他一身的肌肉有多么帅气。

当然，林先生也会夸丁小姐每天不同的穿搭，会注意到她哪天眼影的颜色不一样，会因为丁小姐爱看书而把打游戏的时间挤出来一部分陪她一起看书。他们都在努力变成更好的自己，成为彼此的爱人和骄傲。

虽然他们的恋情热烈似火，但其实两个人分开时，各自仍然能够很好地适应时间和空间的距离。林先生因为工作需要，经常出差，两个人每天都会尽量多联系，但并不会束缚对方，要求对方时刻陪伴自己或时刻回复自己的信息，阻碍对方的发展，有什么事情两个人都尽量好好沟通，然后安心地各忙各的事情。

分析：林先生和丁小姐既能享受热恋的甜蜜，又能很好地面对分离，并不会因为暂时分离而引起焦虑或猜忌等不良情绪，这样的相处模式能帮助他们更好地享受恋情，他们也能更好地适应热情逐渐消退后的平淡阶段。

5.4 适当的交往频率

一、联系频率

对于热恋中的情侣应该保持怎样的联系频率，并没有一个公认的"最佳标准"，大多数情况下因人而异，因个人的性格不同而有所差别。例如有的人喜欢整天和恋人在一起，所以一分开就要经常联系，在心理上非常依赖恋人，可能会让恋人感觉"太黏人"；有的人会希望两个人在一起时享受浪漫时光，分开时彼此处理好自己的私人事务，这种人很独立，因此一分开就容易出现"失联"的状况，让他的恋人感觉被冷落。在热恋期，保持什么样的联系频率也是恋人之间需要磨合的内容，双方需要就此达成共识。正如之前所说的，没有最佳标准，需要结合两个人的实际情况考虑，但我们仍然可以提供一些参考数据，帮助恋人们找到比较合适的定位。

【珍爱数据】

珍爱网调查数据显示：大约四成左右的人认为热恋期维持每天1~2次的联系即可，而大约三成左右的人认为要维持每天3~5次的联系，近三成的人认为要每天5次以上才好，如图5-3所示（数据来源于2018年3月，珍爱网问卷调研《热恋期，你有多"热"？》，样本数量328人）。

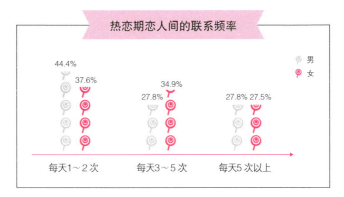

图5-3

　　总体来说，男性的联系需求量小于女性。对于女性来说，主动联系恋人的次数最好为每天1～2次，如果男友性格比较黏人，再酌情增加。对于男性来说，结合以上数据及珍爱网咨询师的服务经验，建议热恋期主动联系对方的频率最好是每天3～5次。

　　此外，联系的质量也是不同的，微信上互相问候几句与打电话聊天半个小时，带给人的交流感觉肯定不一样。对于恋人来说，如果双方无法见面，打电话是个很好的维系感情、进行深入交流的方式。

　　珍爱网调查数据显示：接近一半的人表示通话时长在30分钟之内最佳；三分之一的人表示30～60分钟比较合适；仅有不到五分之一的人士希望能通话至少60分钟。在这一点上，男女并无太大差异，数据非常接近，如图5-4所示（数据来源于2018年3月，珍爱网问卷调研《热恋期，你有多"热"？》，样本数量328人）。

图5-4

根据珍爱网的服务经验，咨询师建议双方在热恋期无法见面时，通话时间最好每天30～60分钟。当然，这一点也是因人、因时、因事而异的，如果对方本就话不太多，可以适当缩短时间；如果当天发生了很有趣的事情，可以适当增加一些时长。互通电话的目的是关心对方，想和对方分享自己的境况和感受，因此对方也不必没话找话，为了达到通话时长而聊些无意义的话题。

二、见面和约会

热恋中的情侣应该保持怎样的见面和约会频率，大多数情况下因个人的需求不同而有所区别，可能有人想要频繁见面，有人觉得不需要黏得太紧，只要双方能达成共识就好了。同样，虽然没有绝对的标准，但我们仍然可以提供一些参考数据帮助人们找到比较合适的定位。

【珍爱数据】

珍爱网调查数据显示：男性对见面的热情度更高一些。43.5%的男性希望除了工作时间外其他时候都和恋人在一起，31.3%的男性则希望每天可以见到恋人一次。两者相加超过七成。而女性数据则显示，仅有25.8%的女性希望时刻与恋人在一起，41.5%的女性期望每天见面。仅两成左右的男性和三成左右的女性表示一周一两次见面就可以，如图5-5所示（数据来源于2018年3月，珍爱网问卷调研《热恋期，你有多"热"？》，样本数量328人）。

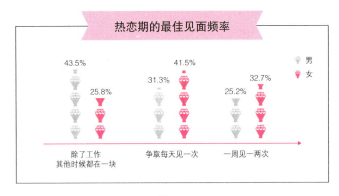

图5-5

咨询师建议，恋人之间如果见面比较方便，可以天天见面；如果不太方便，每周见面2~3次比较合适。

对于每次见面相处的时长，调查数据显示，接近一半的人表示热恋期的约会时长在半天左右比较合适，而超过三分之一的人期望时间越长越好，如图5-6所示（数据来源于2018年3月，珍爱网问卷调研《热恋期，你有多"热"？》，样本数量328人）。

图5-6

　　珍爱网咨询师的服务经验也表明，热恋期双方每次见面相处半天左右比较好，如果自己或者对方感觉不尽兴，也可适当延长时间。恋人之间的约会应该是轻松愉悦的，当你感到疲惫时，就是该结束约会的时候了。

三、肢体接触

　　热恋期的肢体接触是一个由浅入深、考虑对方感受的过程。热恋初期，双方会有不经意的肢体接触，不自觉地靠得很近，发生挽胳膊和牵手等行为，男士偶尔捏捏女士的脸也会让女士心跳加快；随着感情进一步发展，情侣们会有拥抱和搂腰等亲密行为，这是最自然的表达爱意的方式；热恋中期，情侣们会有亲吻行为，一开始可能是浅浅的吻，随着感情的深入会发展到热吻；热恋后期，当两个人的感情累积到一定程度时，双方可能会发生性关系。当然，所有的肢体接触一定要在双方都愿意、安全的前提下进行。

　　【珍爱数据】

　　珍爱网调查数据显示：大部分人认可热恋期的肢体动作可以比较

深入，亲吻是可以接受的。但在发生关系的问题上，男女数据稍有分歧，当43.5%的男性认为可以发生关系时，仅有27.5%的女性持同样观点，如图5-7所示（数据来源于2018年3月，珍爱网问卷调研《热恋期，你有多"热"？》，样本数量328人）。

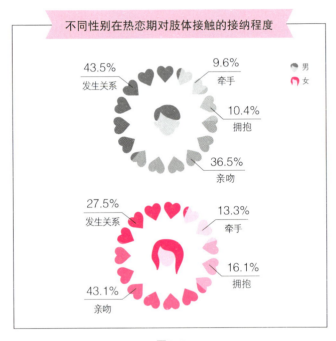

图5-7

对于热恋期的肢体接触，女性更接受"亲吻"，而男性则更希望"发生关系"。不管怎样，恋人之间的亲密程度应该是发自内心、水到渠成的，在表达自己的感情的同时，我们也应该尊重对方的想法。

06

磨合期：

相互接纳，求同存异

随着交往的继续加深，男女双方有了更多的接触，因而对对方有了更多的了解，双方的优缺点日渐显露，这时双方将察觉到实际情况和自己预期的理想亲密关系有落差，这会造成双方在心态上的很多波动或变化，两个人的关系由此进入了磨合期。

磨合期通常是在男女双方度过热恋期后呈现出来的感情状态，是恋爱中的必经过程。当最初的热情消退以后，随着感情的深入，恋爱双方慢慢开始发现对方的缺点，然后开始沮丧、争吵，通常会有两种结果：一是调整适应，直接进入感情中最难熬、陷阱最多的阶段——磨合期；二是回避磨合，直接结束这段感情，无法一窥亲密关系的全貌。

6.1　常见错误心态：期待太多、权力失衡、界限模糊

6.1.1 期待太多

热恋期双方感情浓度很高，充满激情，但激情在正常的两性关系中持续的时间是有限的，这是热恋期独有的亲密状态。之后激情会慢慢消退，爱的感觉不再那么浓烈、高涨，同时双方的问题逐渐显现出来，需要双方相互磨合，磨合之后感情会进入相对稳定的阶段。但很多人对恋爱阶段没有完整的认知，以为恋爱一直都是轰轰烈烈的，所以当感情突然淡下来以后就会很落寞，甚至充满怀疑，认为对方不爱自己了。

如果我们在磨合期仍对恋人抱有与热恋期时同等的期待，就容易患得患失、敏感多疑。"爱有多深，失去的恐惧就有多大"，用这句话来形容磨合期中恋人的心理状态再贴切不过，可以说一边爱着一边怀疑着。

比如，当你给对方发信息时，就存在一种要他／她在尽可能短的时间内回信息的期望。如果一段时间过去后，他／她没有回复你的信息，由于期望的存在，你就会过度关注这件事情，就会产生焦虑的情绪。这种焦虑情绪会导致你怀疑"他／她是不是不爱我了"，过一段

时间后即使他回复你了，你们之间也可能会发生争吵。

让我们换一个角度来看：你在发信息时没有期望你的伴侣必须尽快回复，这时你去做一些别的事情，时间不知不觉就过去了，对方发来信息说因为工作忙没能及时回复你，而你并没有责怪他，反而和他分享你刚刚在做什么，双方都觉得很愉快。

同样一件事，为什么能得到不同的结果呢？这其实和你的期望有关。如果你期望热恋的状态能一直持续下去，无法接受感情的自然发展规律，不能慢慢调整节奏，就会导致磨合期问题的产生。

【珍爱数据】

珍爱网调查数据显示：五成左右的人能意识到恋情的正常发展会有激情消退的阶段，能以正确的心态来面对，但也有五成左右的人无法正确认识这个问题，从而造成内心恐慌或者选择采取一些试探手段，通常女性的表现比男性更明显，如图6-1所示（数据来源于2018年3月，珍爱网问卷调研《热恋期，你有多"热"？》，样本数量328人）。

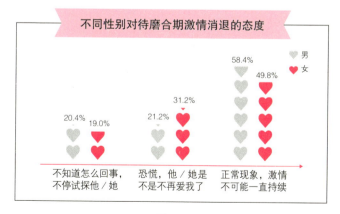

图6-1

其实，即便在热恋期，我们也要尽量不让恋情过多地影响自己原本的生活和工作，这样当感情降温后，我们也能迅速调整好心态，避免出现恐慌的情况。通常男性在这方面相对来说更理性。

【珍爱案例】

冯小姐离异很久了，想找个能多多陪伴在自己身边的人，踏实地过日子。遇到莫先生以后，冯小姐感觉自己非常喜欢他，两个人很快陷入热恋。但是冯小姐每次见面都期待莫先生能多多陪伴自己，并且经常会问他"在干吗""什么时候回来"，说"想他了"等。一开始莫先生也会很热情地回应冯小姐，但久而久之就有点儿厌倦了，觉得自己失去了自由，渐渐地冷淡了下来。冯小姐因此更失落不安了，总是在怀疑莫先生是不是得到了她就不再珍惜。冯小姐很怕过一段时间后两个人会以分手收场，朋友都劝她，说她太心急了，可是冯小姐觉得朋友们体会不到自己寂寞的苦。

分析：冯小姐非常依赖他人，无法独立安排自己的生活，对感情的期望过高，希望恋情一直都保持着高度激情的状态。可是这样却束缚了莫先生，让他感觉很有压力，最终事与愿违。

6.1.2 权力失衡

在热恋期，两个人你侬我侬，无论一方说什么、做什么，另一方都会觉得十分美好。到了磨合期，也许两个人会因为一些小事闹矛盾，双方开始争夺关系的主导权。如果你发现每次吵架即使你没有错，必须主动道歉的人是你，害怕关系破裂的人是你，每一次为维护关系付出努力的人还是你，而他对这段关系好像并不是那么投入，分手也无所谓，随时随地可以离开你；如果什么事情都是他说了算，所有事情要以他为主；如果他经常打断你的谈话，忽视你的想法和决定，那么，你可能已成为恋爱关系中比较弱势的一方，你们之间已经"权力失衡"。

亲密关系中的权力失衡意味着一方比另一方拥有更多的权力，处于优势地位，能在更大程度上控制和影响对方以及彼此的关系。除此之外，权力更高的一方还能抵抗伴侣对自己的影响，使自己保持独立。

磨合期是个权力较量的阶段，关系中的权力失衡具有以下表现。

（1）情感投入程度差异大。在感情中更投入的一方，往往更吃亏。磨合期的权力失衡表现为一方感情投入较少，而另一方投入较多，投入得越多的一方，拥有的权力也就越小。因为当你很爱你的伴侣，并全身心地投入感情时，你渴望从关系中获得关怀、呵护和快乐，而这些只有你的伴侣能够给你。当你对这些东西的渴望越强时，伴侣对你的控制力也就越大。社会学家魏拉德·沃勒（Willard Waller）用最少兴趣原则来描述这一现象，即在任何关系中，对继续或维持目前关系兴趣较少的人拥有更大的权力。

比如，你经常去他的公司楼下接他下班，周末时拒绝朋友的邀约而把全部时间留给他，把自己的工资都花在他身上，你对他在感情、时间、金钱上的投入都很多，而他对你的投入却很少，那么，在这段关系中你的权力就很小，你会很被动，各方面受制于对方，可能更容易被对方改变。

（2）双方的资源差距大。一个人在社会中拥有的资源越多（如家庭背景雄厚、社会地位高、财富多等），那么他在关系中的权力也就越大，拥有更多的话语权和决定权。

【珍爱案例】

崔先生和刘女士都已离异，刘女士是商人，有自己的生意和房子，生活条件较好。崔先生工作不太稳定，收入不高，也没有自己的房子。两个人起初的感情非常甜蜜，但相处时间久了，两个人开始发生争吵和产生矛盾。

两个人在相处过程中发生矛盾很正常，但是每次争吵结束后，只要崔先生不主动道歉示好，刘女士就很不满，甚至有时候崔先生没有主动道歉，刘女士就威胁他，让他不要住在她的房子里，去外面找房子住。这种不平等的关系让崔先生感觉很憋屈。

分析：案例中两个人的资源差异过大，使得每次发生争执时，刘女士的资源优势成了威胁崔先生的利剑，导致崔先生心理不平衡。其实，爱情中双方有资源差异是件正常的事，有更多的资源可以为爱情带来更丰富的体验，优势方更应该尊重弱势方。

（3）个人特质表现。亲密关系中的权力大小与人格特质也有关系。例如，那些自尊心弱、过度依赖对方、害怕被抛弃的人更可能主动选择成为弱势的一方，而那些自我坚定的人，因为更能表达自己的需求，不会一味地妥协，因此更能在恋爱关系中获益，成为拥有权力优势的一方。

恋爱不是一个人降服另一个人的过程，平等的关系才有可能让双方越来越好。双方面对习惯和观念上的不同，首先应接纳每个人的个体差异，在不违背自己的原则底线的前提下，让两个人的习惯并存，允许各自拥有独立的生活方式和习惯，才能顺利度过磨合期。

6.1.3 界限模糊

界限包括地理界限、身体界限、心理界限等，这里所说的界限主要指亲密关系中的心理界限，良好的心理界限能够保护我们的自尊心并更好地帮助我们控制自己的情绪。界限模糊会混淆自己和伴侣的责任和权力范围，无法保护自己的个人空间不受侵犯，也无法做到不侵犯伴侣的个人空间。

在两性关系中，界限模糊通常有以下表现。

（1）对伴侣过多关注、过度付出。比如，对方咳嗽一声，你马上很紧张地要带他去看医生，叫他赶紧吃药；要时刻和对方保持联系，知道他在干什么、想什么等。

（2）对伴侣过多干涉，包揽一切。比如，伴侣要和朋友出去泡温泉，你觉得泡温泉穿得太暴露不准他去；伴侣想去吃火锅，你觉得对身体不好，不让他吃；伴侣的衣食住行全由你一手操办等。

（3）无法勇敢拒绝伴侣，也无法心平气和地接受伴侣的拒绝。热恋中的男女界限模糊，"你中有我，我中有你"的状态是可以理解的，就像周瑜打黄盖，一个愿打，一个愿挨，双方都享受着关爱、热恋、亲密的感觉。但随着时间的推移，激情逐渐消退，愿打的人也许还是喜欢这种模式，愿挨的人却受不了了，开始用各种方式来打破热恋期的相处模式，想要回主权，重新设定自己的界限，这时两个人的矛盾就渐渐显现出来了：有些人希望保持自己的空间，有些人则希望和对方更加亲密；有些人希望保持神秘感，有些人则希望相互知根知底；有些人希望财产共有，有些人则希望保持经济独立；有些人希望互不干涉朋友圈，有些人则希望彻底融合。这时常见的错误就是双方为了取悦对方、避免发生冲突，而选择忽略重新划定界限的必要性，不去和对方商讨探索合理的界限。

回避争吵并不能帮助恋爱双方顺利度过磨合期，反而会激化矛盾。比如热恋期时两个人每周见5次，其实在长期交往中，每周见3次可能相对合理些，但谁也不愿意或者害怕首先提出这一点，所以就一直以过度消耗的状态去维持关系。而当其中一个人过度消耗时，他的情绪会变得很不稳定并且很负面，久而久之，双方会爆发冲突，甚至导致分手。磨合期最重要的任务就是两个人需要接受感情降温的过程，把它视为一种回归理性、长期相处的正常现象，并且坦诚地去讨论和确认生活中各方面的边界问题，不要害怕争吵。

爱情的真正意义是促进双方的成长，而失去边界的爱情只会禁锢彼此的成长，所以，再亲密的关系双方也要尊重彼此的隐私，有各自的边界。

【珍爱案例】

李先生，从事IT行业，喜欢玩游戏，刚开始恋爱时，因为感情正浓，所以他大部分的时间和黄小姐在一起。后来，李先生喜欢玩游戏的习惯冒出来了，虽然玩得并不频繁，只在周末玩三四个小时，但是和热恋期的状态相比，对黄小姐就显得不太上心了，所以黄小姐就觉得李先生不爱她了，怪他经常玩游戏，都不怎么陪她。

听到黄小姐表达了不满后，李先生觉得自己并不是沉迷游戏，玩游戏只是他的一个业余爱好，平时工作压力大，玩游戏的时候他很放松，所以不愿意听从黄小姐让他不玩游戏的建议，两个人就开始闹矛盾。

分析：案例中的情况属于磨合期常见的问题，热恋期的时候，两个人感情正浓，李先生会愿意暂时牺牲自己玩游戏的时间来陪伴黄小姐，因为热恋期的这种陪伴和相处也可以达到减压和放松的效果，但时间久了以后，激情消退，亲密关系的治愈效果也就没那么明显了，甚至还可能因为两个人经常发生矛盾争吵导致压力更大，所以李先生这个时候会想退回原来的界限，或者希望稍稍保留一些独立的私人空间，寻求自我和对方的平衡关系。这个阶段，需要双方坦诚沟通，尊重彼此的需求，并找到共赢的方法。

【珍爱数据】

珍爱网调查数据显示：对于恋爱中最容易分手的阶段，大家普遍认为是磨合期，如图6-2所示（数据来源于2018年6月，珍爱网问卷调研《五分钟测出Ta是不是你的真爱》，样本数量1482人）。

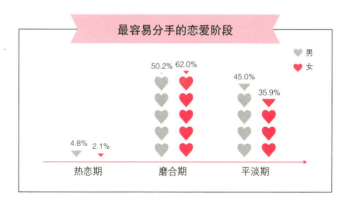

图6-2

处于磨合期的双方如果对彼此没有足够的包容和耐心，或者对磨合期没有足够的认识，很可能会面临分手的结局。如果两个人能顺利度过磨合期，进入平淡期，女性相对男性会更稳定，更不容易提出分手。

当在恋爱中发现对方的缺点且无法忍受时，女性倾向于"让他改变"或者"选择分手"，而男性倾向于"改变自己"或者"让她改变"，如图6-3所示。

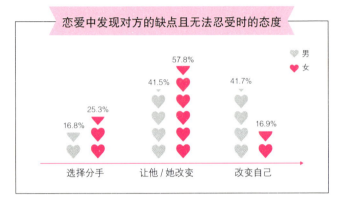

图6-3

综上所述，可能男性比女性更愿意接受磨合的过程，愿意调整自己。在磨合期，对待分手，男性可能更理性、更慎重。

6.2 关注优点，增加爱意

在热恋期，我们很容易做到关注优点，你带着滤镜看他，怎么看怎么好，但慢慢地进入磨合期之后，你会发现，你的关注点几乎全集中在他不好的地方或者关系的不如意上了。

关注优点对于磨合期的重要性在于，当我们把好的东西视作理所当然时，好的东西就会消失。就好像从热恋期开始，当对方对你好时，你理所当然地享受他给予的一切而无任何回馈，久而久之，他没有受到激励，这种行为就会逐渐消退。然后，你开始质问："你当初对我那么好全是假的，就是为了得到我，得到后就不珍惜了……"很多关系就是这样慢慢走到绝路的。关系发展到一定程度后双方就互相指责、挑剔不足，认为好的都是理所应当，坏的都是对方不好，要求越来越多，抱怨越来越多。

其实大脑对负面信息的接收能力远大于正面信息。美国婚姻心理学家约翰·戈特曼认为，夫妻之间的一次消极评价需要五次积极评价才能弥补。通俗来说就是如果你骂了对方一句，需要说上五句好话才能弥补造成的伤害。所以，你一定要经常给予恋人支持和鼓励，而不是给恋人泼冷水。想要和恋人一直保持着美好的爱情关系，我们必须经常表达好感和爱，但问题在于，我们要如何突破惯性思维，让两个人在关系中做到关注优点，构建温暖和爱意呢？

当我们陷入负面的惯性思维中时，可以多提一些积极的问题，提醒我们将注意力重新放到积极面上。比如，当热恋期过后，我们可能常常关注的是"他哪里不对了""为什么变冷淡了""为什么争执矛盾越来越多了"等。这些问题确实很重要，但如果我们只专注于看到现在的摩擦和难处，就会忽略一些重要问题。比如，"伴侣身上有哪些优点""我们是怎么走到一起的""我爱他哪一点""我们的关系有哪些好的方面"等，经常这么问自己很重要，尤其是发生矛盾冲突时。

当我们提出这些积极的问题时，就看到了好的方面，对方的优点就会增值，就会增加对彼此的爱意。双方还可以坐在一起写下彼此的优点，然后交换，这个过程会让很多人发现"原来你是看到了我的那些好的"，或者有一些惊喜的发现，"原来我认为不好的地方，在你眼里是好的"，更加深对彼此的了解。

关注优点对恋情的维系很重要，当我们把注意力放在对方所有的积极点上时可以让我们眼中的伴侣比别人眼中的他还要好。做一个优点感知者，他身上别人没看到的优点你看到了，不管他做什么，你都发自内心地觉得很可爱。

【珍爱数据】

珍爱网调查数据显示：当两个人发生矛盾时，44%的个体会想到对方的缺点，56%的个体会想到对方的优点，如图6-4所示。对比两组人群的关系满意度，统计检验分析表明，想到对方的优点的人群比想到对方的缺点的人群的关系满意度更高，如图6-5所示（数据来源于2018年10月，珍爱网问卷调研《官宣！这些单身误区你需要了解》，样本数量839人）。

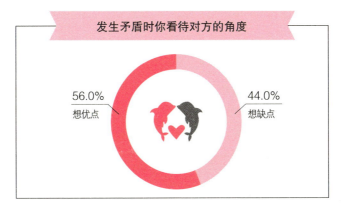

图6-4

图6-5

注：关系满意度满分为7，1表示对关系很不满意，4表示一般满意，7表示很满意。

当一方与恋人发生矛盾时，可以先让自己冷静下来，想想伴侣的优点，如自己生病时，他的体贴照顾等。回想对方的优点不一定能直接解决两个人的矛盾，但回想对方的缺点肯定会让矛盾加剧。

【珍爱案例】

莫小姐和陈先生是大学同学，两个人相识相交多年，毕业后确定男女朋友关系。刚开始在一起时，两个人关系很好，陈先生对莫小姐的照顾无微不至，每天给她买早餐，接送她上下班，周末陪她出去玩，好到陈先生的家人都会吃醋的地步。但莫小姐在感情中属于爱抱怨、只会索取和提要求的类型，根本看不到陈先生为自己付出了多少，只要有一点儿不顺心就会指责、埋怨他。时间长了，陈先生也有些心灰意冷，觉得自己怎么做都是不好的，后来就提出分手了。

莫小姐来向咨询师求助时很伤心，不理解陈先生怎么能离开她呢？后来在咨询师的指导下，她慢慢地转变自己的思维方式，开始看到陈先生一直以来对她的付出，回忆起当初他吸引她的那些优点，想起两个人刚在一起时的甜蜜情景，才发现自己以前的举止确实有问题并下定决心改变。

后来再有机会跟陈先生相处时，莫小姐开始更多地去认同陈先生身上的闪光点，放大他的优点，并且发自内心地觉得他做什么都很可爱，对他非常关注、非常感兴趣。莫小姐经常会感叹："要是我一开始就懂得去关注好的方面该多好啊！"后来，两个人重新被彼此身上的闪光点吸引，和同一个人又谈了一场恋爱！

分析：当我们把好的东西视作理所当然时，这些东西就会消失，就像莫小姐一直视陈先生对她的好为"应该的"一样，发展到后来导致两个人的关系无法维持。当我们去问一些积极的问题，提醒自己那些美好的存在时，我们就会关注到一直存在的那些值得感激和欣赏的东西，从而促进双方之间的感情发展，滋生更多的爱。

6.3 双方共同建设平等关系

在一段好的关系中，双方往往是势均力敌的，关系越平等，感受到被对方操控的情况就越少，两个人对关系也就越满意。一段关系中若是双方地位不平等，弱势的一方会有深深的"无力感"，感到自己在关系中并不受重视，甚至会产生一系列的消极心理，如沮丧、抑郁和愤怒等，可想而知，这样的关系满意度也会很低。

弱势的一方可以通过以下方面的调整，获得更多的力量。

（1）在感情投入方面，要意识到爱情是需要双方共同投入和经营的，如果只有一方在单方面付出，另一方却是一种随时可以离开的态度，这样的感情就很被动。付出的一方需要引导另一方对感情进行付出，让他将时间、金钱或精力投入到感情中，更详细的内容可以回顾"5.2 合理付出，让恋人真正感受到你的好"。

（2）在自我方面，可以从小事开始明确地表达自己的需求，不要再一味地妥协，要做一个坚定自我的人。比如当你试图拒绝对方的要求时，可以从"我"的角度来陈述："我不想做……""我的选择是……"这并不是意味着你不再尊重对方，而是意味着你是在尊重自己的基础上去尊重对方。

（3）在资源方面，要做到基本的经济独立，并且在恋爱关系中尝试争取话语权。例如，你们两个人都很喜欢旅行，那么你就可以多去了解一些出游地的具体信息，如当地景点和特色小吃等内容，掌握更多他不知道的信息，以掌握更多的话语权。

接下来，我们可以通过一段参考资料来了解强势对感情产生的影响。

【参考资料】

　　研究人员观察了31对约会伴侣的语言交流并在此后5年的时间里和其中的21对保持联系。为了对最初的实验室情境下的女性主导地位加以测量，研究者以女方是否打断男方讲话为判断依据对伴侣们加以划分（打断别人常常与拥有更大的权力相关）。结果，在实验结束后的5年中，女方打断男方讲话的伴侣中有80%分手了，仍然在一起的伴侣大多数已经结婚了，实验中女友打断男友讲话的伴侣的关系满意度较低。

虽然人们对关系平等观念的接纳程度在不断提高，但传统观念依旧影响着人们的思维。在公开场合，听从女性的指令的男性可能会感受到更多的压力，更担心他人看不起自己。换位思考一下，亲密关系中无论是谁，都不希望在公开场合被命令、被使唤。因此，在恋爱关系中较为强势的一方，在公开场合要尽量多给对方留面子，尊重对方的意见和决定。

强势的一方可以通过以下方面的调整，平衡双方的力量。

（1）在思想上有所改变。你要意识到，你的绝对领导权并不能让你们的关系更加和谐，它只会让你们的关系停滞在"国王与士兵"的服从关系中。只有双方平等，你们的感情才会更顺利。

（2）你需要做出一些调整，尝试与伴侣"分工合作"。如果你更擅长理财，那么在财务管理上你可以拥有更多的权力；如果他更擅长厨艺，那么在怎么做菜上他可以拥有更多的权力，你可以把领导权交给他。

（3）在意见不统一时，不要强迫对方认可你的言论，你要允许对方与你不一样，尊重他的喜好和想法。

6.4 设定合理的界限

热恋时，由于激情的主导，我们在很大程度上愿意放弃"自我"，变成以对方为中心的状态，但人的本质还是以自我为中心的，因此，当激情逐渐消退，我们开始意识到自己不能一直保持没有自我的状态时，就需要重新划定界限，建立新的平衡。

设定合理的界限并不意味着彼此要分清你我、疏离冷淡，而是通过培养界限感来尊重你爱的那个人的想法和做出的决定。在亲密关系中，平衡适中型的界限是比较适当的。两个人拥有独立的自我且自主性很高，但是又能在不干涉对方的前提下表达关心与支持，两个人的人格发展都是健全的，界限是富有弹性的，不会因此让双方变得陌生，反而会相处得更舒适。

但通常情况下，亲密关系中的双方很难建立界限，原因有二：一是害怕设立界限后会失去对方，怕对方因此难过或失望而远离自己；二是即便内心抗拒，也会忍不住继续满足对方的愿望，以此获得内心的安全感、价值感。

根据这两点，咨询师建议大家可以尝试以下两种方法来练习如何设定合理的界限。

（1）对伴侣设界限：对伴侣说"不"。心理学家研究发现，爱情可以起到一定的止痛作用，让大脑分泌一些特殊物质，使人感到幸福、快乐，从而减轻悲伤和痛苦，这就可以解释为何在热恋期间，人们对于恋人造成的伤害及提出的很多不合理要求，会显得很包容。

但进入磨合期后，这种包容力将逐渐下降，这个时候两个人的相处模式就需要加以调整，不能对对方予取予求，百般纵容，否则不仅自己痛苦，也很可能对对方"娇惯"过度，让本来可以好好发展的感情变得畸形。

总之，你要敢于把伴侣的问题还给伴侣，对于他的那些让你觉得不舒服的言行（如前文提到的过多关注、过多干涉等）要及时表达出来，坦诚沟通，达成一致，不要害怕对方难以接受，甚至离开你。只有双方坦诚地说出自己的感受和期望，才能建立真正亲密无间的关系。

（2）设定自己内心的界限：对自己说"不"。你想要在亲密关系中有舒适的"界限感"，第一步需要放开对关系的控制。对于伴侣的事，你可以尊重和接受，但不要强加干涉，也不应该干涉。比如你期待他是什么样，可以向其表达出来，但不能要求他改变，你无权要求他为了满足你的期待而活。

我们自己的内心需要有个空间，我们可以把自己不想表现出来的感情、冲动、欲望等放在这个空间里，要学会克制自己，能对自己说"不"。健全的内心架构与掌握主权、责任感、自制力一样，是设立界限与自我定位很重要的成分。

心理学中的"自我分化理论"认为，我们每个人的内心都有两股原始力量，其中一股是自我力量，会促使我们与他人分离，展现出自己的独特性；另一股是亲密力量，会促使我们与他人保持亲密的联结。

界限清楚的人，可以自由地调配"自我"与"亲密"两种力量，依据不同的状况，呈现不同的反应。一个人通过改变别人使其理解自己的行为，并不是在建立自己的心理界限，而是让自己的问题合理化。

当然，成功地建立"心理界限"会面临很多次失败，但是这些失败带来的体验能帮助我们持续不断地提升自我意识，直到我们找到并适应自己在关系里的新位置，顺利度过磨合期。

如果为了对方勉强自己改变或者勉强对方改变才能维系一段关系，那么这段关系就是不健康的。两个人一起努力，设定合理的界限，才是共赢的方法，因为你们的利益是一致的，你们是一个整体，所以，磨合期的双方要带着信任和积极的心态去面对问题，并通过磨合的过程去了解彼此的期望，这样，两个人的感情才能进入稳定默契的状态。

6.5 建设性沟通

两性相处过程中出现的绝大部分问题是因为缺乏有效沟通，磨合期的沟通更加不容忽视。要与伴侣建立起有效、良性的沟通模式，需要注意如下几点。

（1）沟通内容的趣味性。首先，应该找一个双方都感兴趣的话题，让两个人都参与进来，而不能只是一个人自说自话。比如你很开心地向对方描述自己今天和闺密去逛街，她做了新指甲很漂亮、烫了新发型很时髦等，但其实对方对你的朋友并不感兴趣，也不能体会到你的兴奋情绪；而当他跟你说昨天的足球赛有多么精彩、最后3分钟发生了什么样的反转、球员的技术有多么精湛时，你甚至连一场足球赛有几个人踢都不清楚，更别提给他回应了，诸如此类的沟通内容就无法让彼此建立情感联结。

当对方没有给予反馈时，我们应该检讨自己说的内容是否适合交流。有一位女士跟咨询师抱怨自己的男友现在越来越不在乎她了，连跟她说话都不愿意。咨询师了解情况后才发现，这位女士因为外貌出众，经常在男友面前讲自己有多么优秀，多么受异性欢迎，男友能做她的男朋友有多么幸运，让男友更加努力，一讲就是半个小时，男友实在接受不了，已经在考虑跟她分手了。由此可见，当我们与对方

179

沟通时，需要注意沟通并不是单方面输出，而是要考虑双方当时的状态、情绪以及对方的兴趣点在哪里，这样才能让彼此都投入到谈话当中，产生融洽默契之感。

（2）沟通态度的包容性。对于伴侣不成熟的想法或者做得不对的地方，不应贬低嘲笑。比如他跟你说自己想创业并阐述了自己的想法，你却说："看看这漏洞百出的计划，到处都是问题。你的想法太幼稚了，我不指望你有大富大贵的一天，你别糟蹋钱就行！"面对这种态度，久而久之，对方再有什么样的想法也不会同你分享了。此外，你应接受对方是不完美的，不要去指责教导或者为了"鼓励"对方，把他与其他人对比，这会让对方产生严重的挫折感。在与对方沟通时你要注意保持温和的态度，让他更愿意与你分享，愿意让你更多地了解他的方方面面。

（3）沟通频率的适度性。恋人是靠你最近的人，也是与你联系最紧密的人，如果恋人之间无话可说，那是一件非常危险的事情。大卫·贝克汉姆的妻子维多利亚就曾经表示，自己维持恋爱新鲜感的秘诀之一就是每天给大卫打一个电话。如果不能和恋人天天见面，每天至少要给对方打一个电话，告诉他现在的你正在想他，现在的你正记挂着他。

这样的日常联系不需要你花费太多时间和精力去做，而是像日常生活习惯，如同每天要洗脸漱口一样，不是负担，不是任务，而是自然而然、理应如此的行为，使你伴随着对方的晚安入睡，伴随着对方的问候起床，感受到对方一直都在自己身边，感受到自己不是一个人，感受到自己有个依靠。

【珍爱数据】

珍爱网调查数据显示：55.5%的人平均每天和伴侣的沟通时长在

1小时以内，44.5%的人平均每天和伴侣的沟通时长在1小时以上，如图6-6所示（数据来源于2017年11月，珍爱网问卷调研《初次约会好感》，样本数量765人）。

图6-6

对沟通时长与关系满意度进行相关分析后，我们得出这样的结论：沟通时长与关系满意度呈正相关关系。结合服务经验，咨询师认为恋人之间每天沟通时长最好不低于半小时，每天1~2小时的沟通时长对恋爱关系最有益处。

（4）沟通积极事件的回应方式。事实上，在亲密关系中，如何沟通积极事件比如何沟通消极事件更能预测两个人关系的发展。

因为当我们沟通"坏消息"时，往往对事情的后果已经有了预测。比如，因为经济不景气，你失业了，回到家中，你不会期望对方给予多么积极的回应，所以即便对方用一些不妥当的方式来回应或指责抱怨，对你的伤害和影响也没有那么大。但是，当我们沟通"好消息"时会很开心，对对方的回应也会有所期待，如果这时对方用不妥当的方式来回应，我们就会感觉很失望、很受伤，内心落差很大。在这种情况下，只有积极主动的回应才会延长这一好消息带给我们的幸福感，使积极情绪得到增强。

请看如下示例。

丈夫升职了，回到家中眉飞色舞地和妻子说："我升职了，这个职位我等了很久，终于如愿以偿了！"妻子回应道：

A．"嗯，你看到我放在房间里的香水了吗？"表现得毫无兴趣，注意力不集中（被动破坏性的回应）。

B．"哦，那这样的话你是不是更忙了，更没时间陪我了？……"主动表达消极情绪（主动破坏性的回应）。

C．"哦，那太棒了！"有积极语言，但情绪状态和行为表现并不积极（此类最常见，属于被动建设性的回应）。

D．"哇，天哪！太棒了！快告诉我是怎么回事，老板叫你去他的办公室说的吗？"或者"我们应该庆祝一下""这太棒了，你这么努力，这是你应得的，我太为你高兴了"等，言语及行为表现都很积极，并关心事件始末或细节（主动建设性的回应）。

主动建设性的回应方式能使双方都从沟通中获益，为双方累积积极正面情绪，以战胜相处中的磨合危机。

【珍爱数据】

珍爱网调查数据显示：在接受调查的群体中，13.9%的人感知到伴侣的回应方式是破坏性（包括主动破坏性和被动破坏性）的，41.7%的人感知到伴侣的回应方式是被动建设性的，44.4%的人感知到伴侣的回应方式是主动建设性的，如图6-7所示（数据来源于2019年9月，珍爱网问卷调研《谁动了你们的爱情》，样本数量409人）。

感知到伴侣用破坏性方式来回应的人不多，这是很好的现象。被动建设性回应方式和主动建设性回应方式的比例相当，然而被动建设

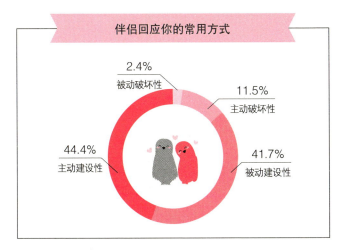

图6-7

性回应并不能给双方关系带来太多积极影响。

当伴侣用破坏性（包括主动破坏性和被动破坏性）的方式回应时，五成左右的人感到不满意，五成左右的人保持中立态度，没有人会对破坏性的回应方式感到满意；当伴侣用被动建设性的方式回应时，超六成的人对伴侣的回应方式持中立态度；当伴侣用主动建设性的方式回应时，92.9%的人会感到满意，如图6-8所示。

显然，没人愿意接受破坏性的回应方式，对被动建设性的回应方式也不甚满意，而主动建设性回应方式明显能让人们的感受更好。

当伴侣用破坏性（包括主动破坏性和被动破坏性）的方式回应自己时，人们会产生中性情绪，如平静，或负面情绪，如失望和沮丧；当伴侣用被动建设性的方式回应自己时，人们主要感受到的情绪是平静，其次是开心；当伴侣用主动建设性方式回应自己时，人们较多感受到的是正面情绪，如开心和满足，如图6-9所示。

图6-8

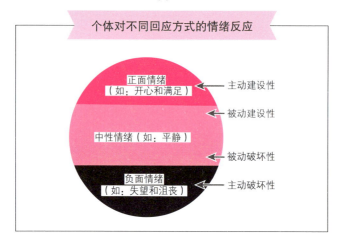

图6-9

总的来说，通过对四种回应方式的对比，我们发现，主动建设性的回应方式会让个体感到更满意，体验到较多的正面情绪，感到开心和满足。所以，建议大家多使用主动建设性的沟通方式，为亲密关系的良好发展打下基础，顺利度过磨合期的关系危机。

（5）多讲情少讲理的沟通法则。人际关系中有一条法则：你怎么对待我，我就怎么对待你，这样的人际关系完全是建立在交换基础上的。爱情虽然也是人际关系中的一种，但更适用共有性的人际关系，而不是交换性的人际关系。当你和恋人相处的时候，如果一直使用这种交换性的人际法则来处理问题，那么就很有可能变成一种对峙，而忘记维系恋人之间的关系的基础是双方的感情。当对峙场景一再发生时，两个人就很容易产生敌对情绪，斤斤计较，想着怎么在两性关系中占上风。长此以往，恋情自然很难维系下去。

在相处过程中，两个人之间可能会发生很多事情，我们可以把它们分为正确的事情与愉快的事情。如果恋人做了一件在你看来是"不正确的"但会让他感到很愉快的事情，你是否会干预呢？比如，恋人晚上突然想吃夜宵（对他来说是愉快的事情），你说"晚上不要吃夜宵了吧，会积食"，表面上看，你坚持了正确的事情，但是却扼杀了恋人做愉快的事情的权利，让本来应该是放松休息的家变成了一个必须守规矩的地方，丧失了很多情感上的乐趣。

在两性相处的过程中只要不触犯法律、不违背道德、不伤害到他人或触及彼此的底线原则，在正确范围内，我们可以允许恋人去做让他感到愉快的事情，共同营造一个轻松愉快的相处氛围。

当然，我们不能光做愉快的事情，也要做正确的事情，只不过可以用愉快的方式来做。总之，爱情是一种特殊的人际关系，需要我们用心呵护和经营。

【珍爱数据】

珍爱网调查数据显示：当个体与伴侣闹矛盾时，67.1%的个体会摆事实讲道理，客观分析对错；32.9%的个体认为感情第一位，谁对谁错不重要，如图6-10所示。对比两组人群的关系满意度后发现，后者比前者的关系满意度更高，如图6-11所示（数据来源于2019年9月，珍爱网问卷调研《谁动了你们的爱情》，样本数量409人）。

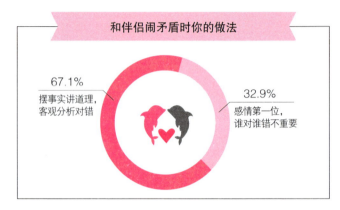

图6-10

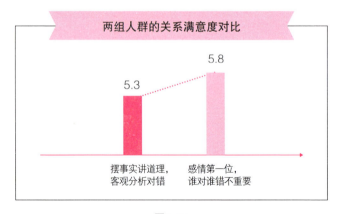

图6-11

注：关系满意度满分为7，1表示对关系很不满意，4表示一般

满意，7表示很满意。

当你与伴侣闹矛盾时，把感情放第一位才是最重要的，多讲情少讲理，不要赢了道理输了感情。

【珍爱案例】

江先生和谢女士都是不善沟通的人，两个人结婚4年，几乎冷暴力了3年，谢女士终于忍不住了，就来咨询求助。在咨询师的指导下，谢女士了解到为爱情保鲜一定要掌握正确的沟通方法，之后便开始尝试调整沟通方式。

在她和江先生有限的沟通中，两个人原本要么是各说各的，要么就是抱怨、吐槽或者命令式地让对方不能这样、不能那样。咨询过后，谢女士开始聊一些江先生感兴趣的东西，对他也转为赞美和认同的态度。以前两个人可能一个星期也说不了几句话，现在每天下班回家后就会尽量多分享一点儿今天各自的情况，谢女士也会去了解关心一下江先生今天的状态，遇到一些不开心的事情也会去理解、支持他。慢慢地，两个人的关系缓和了很多，情人节的时候谢女士还破天荒地收到了江先生送的礼物，非常开心地回应并感谢了江先生。

此后，谢女士也会在生活中慢慢地向江先生求助，而不是指挥、讲大道理，包括对孩子的教育问题也是如此，遇到意见不一致的情况，两个人也会多沟通、交流各自的想法，不会冷脸相向。现在两个人才开始感觉到原来以前真的是太不了解对方了，沟通交流多起来以后，双方感觉越来越了解对方，甚至有时会感觉到心意相通，关系也越来越亲密了。

分析：错误的沟通方式对关系的破坏性极强，以前的谢女士和江先生就是因为不懂沟通，只会使用冷暴力来回避问题，才导致两个人的关系越来越糟糕。在改变了沟通内容、频率、态度和方式之后，两个人的关系有了显著的变化。爱来自于了解，随着他们越来越了解彼此，自然也就越来越亲密了。

07

平淡期：

享受平淡，为爱保鲜

　　平淡期是指经过热恋期、磨合期，两个人已经了解对方，不再需要用一些新鲜的表达方式来博取对方的好感，或者也不再会经常爆发争吵，激情明显减少，逐渐变得平淡。平淡期往往有两种状态：一种是双方因相互了解、亲密度增加，即使激情消退，也能在平淡的日常生活中感受到爱与被爱，这是比较理想的状态；另一种是，双方并没意识到关系进入平淡期，因为缺少往日的激情而埋怨、不安，以为彼此不再相爱了。每段恋情都无法避免地会走到平淡期，这也是恋爱中的一个危险的阶段，我们要学会如何平稳地度过这一阶段。

7.1　常见错误心态：无法接受平淡、感觉不到被爱

7.1.1 无法接受平淡

一般来说，每个人的精力都是有限的，在经历了一段时间的兴奋期后就会自然进入休整期，以恢复精力。恋爱关系也是一样，在经历热恋期和磨合期后，我们的精力耗费过多甚至透支，激情在到达一定的高度以后，就会自动减少投入，这是一种本能反应。同时，我们在潜意识里也会告诉自己已经得到了最好的人，导致心理上觉得未来已经没有什么可期待的了。

另外，时间长了，我们也特别容易习惯某个人或某些事的存在和发生，这是人的适应性造成的。人们总会注意特别或比较少见的新鲜事物，对于习以为常的事情则很难产生生理或心理上的冲动与兴奋，有很多明明甜蜜美好的爱情是在趋于平淡的时候认为双方不相爱了就散了。所以，最好不要养成依赖新鲜刺激来为你们的关系保驾护航的习惯，也不要养成在恋爱关系中特别依赖对方的习惯，除非你适应能力特别强，能够在感情逐渐归于平淡时迅速适应并经营好。

很多人对恋爱阶段没有完整的认知，以为恋爱的过程一直都是轰轰烈烈的，所以当感情突然淡下来以后他们就会很落寞，甚至对对方

充满怀疑。并不是说关系稳定之后就没有任何激情了，只是稳定之后的激情和最初的激情不太一样，更多的是一种相知相许、相濡以沫的激情，双方永远是彼此眼里最好的那个人。

总之，不要用某一个人填满你所有的时间，除了和他的互动之外，你原来的工作、生活、兴趣爱好、人际交往都不要放弃，只有生活充实，你才能为度过平淡期做好准备。

【珍爱案例】

朱女士和林先生交往快一年了，刚开始在一起时，两个人几乎天天黏在一起，经常一起出去玩。为了配合林先生的时间，朱女士冷落了自己原来的朋友们。林先生也总是会给朱女士制造惊喜，两个人非常甜蜜。

可是最近朱女士总是抱怨和林先生在一起一点儿也没有谈恋爱时的感觉了，两个人在一起才几个月就像老夫老妻一样平淡乏味。林先生在她面前也越来越不修边幅、邋里邋遢，两个人一起出去玩的机会也越来越少，更不用说制造什么浪漫惊喜了。两个人也没什么大的冲突矛盾，就是不知道从什么时候开始，像是突然发生的一样，两个人之间一点儿激情也没有了。朱女士开始怀疑林先生是不是真的爱她。

分析：案例中的这种现象非常常见，两个人在一起一段时间后进入老夫老妻的状态，再也不用费心讨好对方或者注意形象是否完美，对对方的热情也迅速下降，彼此之间没什么大的矛盾争执，也没有明显的问题，但就是感觉少了点儿什么。其实这就是进入恋爱平淡期的表现，进入休整阶段，双方习惯了对方的存在，不再觉得新鲜或刺激，感情趋于平淡，但平淡并非代表不爱，我们对平淡期要有正确的认识，同时更要学习平淡期的爱情保鲜方法，用心经营亲密关系。

7.1.2 感觉不到被爱

在平淡期，总有一部分人经常怀疑对方是不是还爱自己，或者自己是不是还爱对方。进入平淡期的情侣不仅不再像刚开始在一起时那样时刻想和对方待在一起，甚至连吵架都不想和对方吵了。

【珍爱数据】

珍爱网调查数据显示：男性认为平淡期的常见表现中排在前三位的是生活稳定无激情、更多考虑对方感受、互相改变很多，如图7-1所示；女性则认为是生活稳定无激情、各忙各的、彼此习惯，如图7-2所示（数据来源于2018年6月，珍爱网问卷调研《五分钟测出Ta是不是你的真爱》，样本数量1482人）。

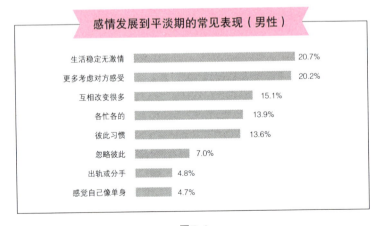

图7-1

图7-2

　　整体来看，男性对于平淡期比较习惯并认为不存在较大问题，而女性对于平淡期的感受通常是被忽略或各忙各的等相对负面的情绪，这提示我们，女性更需要被关爱，不管恋情发展到哪个阶段，女性都更敏感脆弱一些。

【珍爱案例】

　　王小姐以前和男朋友天天腻在一起，但是后来她的男朋友因为跟朋友去网吧打游戏越来越少陪她。那段时间，王小姐感觉特别难熬，不知道对方是不是不在乎她了，两个人之间的生活变得很平淡，也没有刚在一起时浪漫了，她的男朋友似乎也不愿再为她多花心思了。于是她就去工作、上兴趣班，反正是想办法让自己忙碌起来，虽然王小姐心里还是会难过，希望对方能一直想着自己，但她更自信了一些。后来，王小姐鼓起勇气去问男朋友："不跟我待在一起的时候你会不会想我啊？"结果，她得到的答案是："会啊，一空闲下来就会想，想你在干吗，但是不会一直联系你说想你。我们都在一起这么久了，还经常那样的话就感觉太矫情了。"男朋友还表示，知道王小姐跟别人出去玩他也会吃醋，只是不好意思说。

分析：其实很多时候，平淡并不代表冷淡，我们觉得被冷落了，怀疑对方不爱自己了，往往是缺乏安全感的缘故。

7.2 尝试多种角色转换

在亲密关系里，人们通常会扮演不同的角色，如果能灵活转换自己的角色并与对方协调适应，将会产生与同一个人不断恋爱的感觉。对方通过角色转换给你带来新鲜感，你也能尝试以不同的样子出现在他面前，这就是亲密关系中激情的来源。

对于男性来说，最完美的恋人兼具母亲、妻子、女儿三重角色。在恋爱初期，大部分女性是被追求、被照顾的，充当着被宠爱的女儿的角色。但两个人感情稳定之后，女性的角色就应该向妻子转变，要表现得自己能和男性一起承担责任，是平等的伙伴，能相互扶持，而不再是只让男性照顾自己。而再之后，女性还应表现出自己母性的一面，在男性失意、脆弱时，能接纳、保护、包容他。

与此相对，对于女性来说，最完美的恋人也是兼具父亲、丈夫、儿子三重角色。在恋爱初期，男性既要表现出自己"值得依靠"的父亲角色，也要表现出"浪漫激情"的丈夫角色，才能博得女性的青睐。感情稳定之后，男性也不能一味强大，偶尔表现出脆弱的一面，一方面可以激发女性的母爱，另一方面也可以让自己获得女性的照顾和抚慰。

和谐美满的伴侣关系通常是当一方要做小孩时，另一方愿意做父母照顾他，或者也当个小孩一起玩耍；当一方想做成人独处时，另一方也会尊重他的意愿，表现出成人的样子默默陪伴，而不是当父母控制他或当小孩纠缠打扰他。关系紧张甚至破裂通常是因为现实中我们往往会进入一个误区：要么把自己变成对方的父母进行要求和控制；要么把自己变成孩子，当需求得不到满足时就会发脾气、无理取闹；要么就是一直当个理性的成人，双方都是冷静、理智、疏离的。

所以，如果我们能在两性关系中保持对自己的角色的认知，能看到对方的状态，懂得在不同角色中自由切换，我们的关系就能得到发展和滋养，让彼此都处于好玩的、愉快的、不断变化的状态中，保持对彼此的爱意不消退。在和恋人长久的相处中，我们要想爱情一直保持新鲜感，做好角色转换是基础。

【珍爱案例】

陈小姐从小就是被父母宠爱、众人关注的中心。她认为男朋友就应该像爸爸一样疼爱自己，所以在和谢先生的相处过程中一直是撒娇、黏人的状态。比如：每次剪头发或者吃东西都要去她指定的地方，哪怕绕很远的路也要去，甚至要求谢先生翘班陪自己；过生日的时候也是一定要去很高档的地方消费，觉得自己一年才过一次生日，当然要奢侈点儿。刚开始，谢先生也很享受她的这种角色，觉得自己被需要。但久而久之，谢先生便觉得陈小姐太过任性了，花钱也大手大脚，两个人的矛盾日渐增多，一度闹到要分手。

后来陈小姐在咨询师的帮助下，改变了原来不懂事、黏人的儿童状态，把重心放在工作上，每天认真工作，其他时间就提升自己，让自己有所成长，比如：学习做饭，空闲时间去做义工照顾孩子和老人等。这些谢先生都看在眼里，两个人的关系有所缓和，相处时间也增加了。后来有一次在谢先生情绪低落时，陈小姐耐心地陪伴他，尝试去理解他，并且夸了谢先生很多以前没被夸过的点，给了谢先生很大的安慰和信心。现在两个人的关系越来越好，谢先生也表示陈小姐时而孩子气，时而成熟懂事的反差萌很吸引自己，自己好像找到了最开始谈恋爱时的感觉。

分析：陈小姐刚开始一直表现出儿童状态，可能恋情刚开始时谢先生会觉得新鲜，想要照顾保护这个"孩子"。但时间久了，也会觉得累，也会有想要当孩子、需要被理解支持、被无条件地相信的时候。在咨询师的指导下，陈小姐能够胜任更多的角色，也就能够满足对方更多的需求，这就给他们的关系带来了新的活力。

7.3　进行自我扩展和关系扩展

　　亲密关系能为我们打开新的世界，当你和伴侣互动时，你渐渐会注意到自己有一小部分地方开始变得更像对方，如果你有一个喜欢美食的伴侣，渐渐地，你会对美食产生更多兴趣，去了解更多的美食；如果你有个来自异国的男朋友，你会渐渐了解更多的异国文化。我们的世界原本或许只有一间房屋大小，伴侣的加入能让我们了解到更多未知的事物，拓展我们原有的认知。

　　当我们最开始与伴侣认识的时候，对方对于我们来说是神秘的，有很多可以去探索的地方，充满新鲜感。随着时间的推移，我们对伴侣的了解越来越多，甚至他一开口我们就知道他下一句要说什么，双方之间的神秘感消失了，彼此的世界重合度非常高，没有了继续探索的空间，新鲜感消失甚至觉得对方有些无趣。

　　要想恋爱关系保鲜就要有变化，变化包括自我扩展和关系扩展，这两者让自我世界和关系世界的空间变得更大，使得伴侣之间有更多值得探索的地方。研究发现，扩展度与关系满意度密切相关，也就是说伴侣间的自我扩展和关系扩展程度越高，双方对彼此之间的关系就越满意。

一、自我扩展

什么是自我扩展呢？它主要指的是探索自己、尝试新的东西，不管是生活习惯方面，还是沟通模式方面都要有所变化，让伴侣有更多的空间去探索。表面上的变化可以是穿不同风格的衣服、改变发型、尝试不同妆容等。还有一种行为模式方面的变化，比如说在他的印象中你一直是顺从听话的乖乖女，那么你偶尔强势一下也许会让他有不一样的新奇感受；如果他习惯了你幽默风趣的样子，那么你可以向其展示一下你认真工作的一面……如果每次当伴侣觉得充分了解你时，结果又发现了不一样的你，就会有继续探索你的欲望，保持对你的新鲜感和好奇心，这样才会让彼此有源源不断的激情产生。

自我扩展的内容很丰富，除了上面提到的变换穿衣风格、展现多样的个性，还包括兴趣爱好的扩展，尝试自己原来不会做的事情（如跳伞、潜水、滑雪等）或者建立自己的生活圈，有属于自己的人际交往，有属于自己的事业，能在工作中实现自己的价值，适度保留个人的空间和隐私，有空间就让对方有探索的欲望。魅力其实很大一部分来自自身的社会价值，如果我们把自己寄托于对方身上，不论做什么都无时无刻不围绕着他转，那对方势必会很快对你失去新鲜感。

【珍爱案例】

肖先生和赵女士结婚10年了，两个人刚在一起时很甜蜜，恋爱不久就结婚了。婚后第三年，赵女士因怀孕生子辞掉了原来的工作，做起了全职妈妈。她觉得自己成天在家，就不必注重形象，一门心思扑在家庭上，天天洗衣服、做饭、照顾孩子，同一件衣服能穿好几年，也不注重身材管理和皮肤的保养，导致身材发胖走样，皮肤松弛暗淡。

肖先生是做销售工作的，基本上每天都在外面和形形色色的人打交道，每次回家看到赵女士的样子，虽然明白她的辛苦和付出，但确实提不起兴趣，觉得两个人在一起有些勉强。

赵女士来求助时，状态很差，觉得自己付出那么多却不被珍惜，还遭嫌弃，十分抑郁和不自信。后来在咨询师的指导帮助下，她重新做起了自己的职业规划，找了一份专业对口的工作，也开始注意自己的形象，身边的人都夸她不一样了。她自己的状态好了很多，人也变得更自信，还发展了很多兴趣爱好，有了自己的生活圈子和社交圈子。肖先生看到赵女士的变化很是吃惊，也对赵女士越来越好奇，感觉她像是焕然新生了一样，两个人之间的关系也有了变化。

分析：随着时间的推移，如果两个人总是一成不变，激情自然会消退。就像肖先生和赵女士一样，赵女士回归家庭后，完全停滞不前，两个人之间的爱的火花也渐渐熄灭。当赵女士开始改变自己，寻求自我扩展后，重拾了自信，不仅生活变得更加丰富起来，也让肖先生对她有了更多的好奇心和探索欲，两个人之间重燃激情。

二、关系扩展

什么是关系扩展呢？它可以表现为两个人一起去探索新鲜事物，创造新的体验，制造新的美好回忆。我们说和同一个人不断相爱，其实就是让两个人通过不同的体验，让生活的内容丰富起来，共同探索生命的意义和价值。比如，可以一起去海边潜水、一起去博物馆当志愿者、一起做饭……总而言之，两个人共同去做一些以前从未做过、出乎意料的事，探索新的领域，创造机会使彼此滋生更多的爱意。

不过需要注意的是，因为要双方共同参与，所以要去尝试和探索的新事物或活动应该是双方都愿意参与的。恋爱关系的经营靠的是双方的努力，让双方都获得乐趣和成长，关系才能持久。

【珍爱数据】

珍爱网调查数据显示，在亲密关系中，人们更偏爱做一些关系扩展的行为（55.2%）：和伴侣尝试一家新餐厅、给伴侣惊喜/伴侣给自己惊喜、和伴侣做一些没有做过的事情。选择自我扩展的行为相对较少（40.4%）：学习一项新技能或兴趣爱好、尝试新的发型或妆容、改变自己的穿衣风格。如图7-3所示（数据来源于2018年4月，珍爱网问卷调研《你具备爱情里的仪式感吗？》，样本数量257人）。

近两个月中，你有过以下行为吗

和伴侣尝试一家新餐厅	21.2%
给伴侣惊喜/伴侣给自己惊喜	19.1%
学习一项新技能或兴趣爱好	15.6%
和伴侣做一些没有做过的事情	14.9%
尝试新的发型或妆容	13.8%
改变自己的穿衣风格	11.0%
没有上述行为	4.4%

图7-3

自我扩展和关系扩展对于爱情保鲜同样重要，我们在进行关系扩展的同时，不要忘记多尝试自我扩展。

【珍爱案例】

郑小姐偏爱文艺，兴趣爱好非常广泛，朱先生也比较喜欢文艺，两个人刚接触就擦出了爱情的火花。刚在一起时，他们总是约着去看动漫展、唱歌、做陶艺、画油画，郑小姐带朱先生看街头钢琴表演，朱先生带郑小姐玩游戏，每天都过得多姿多彩的。

时间长了，熟知的东西都体验过了，他们还一起去探索了新的东西。郑小姐爱做好吃的东西，也爱出去找好吃的，朱先生对吃的不怎么感兴趣，郑小姐就带他去吃各种他以前没吃过的东西，品尝各种美味。朱先生去学国际象棋，郑小姐就鼓励他好好学，学完了再来教自己。郑小姐有自己的公众号，两个人一起看电影、写影评，朱先生写一半、郑小姐写一半，然后两个人一起排版、一起发表。两个人每次看到合作完成的文章就特别有成就感，也特别开心。一年多过去了，两个人每天还过得跟热恋一样激情满满。

分析：恋爱关系的经营要靠双方努力，共同探索、共同尝试、共同挑战，这样不只会让两个人的恋情保鲜，更会让自己的生命力更加旺盛。

7.4 制造惊喜，感知愉悦

愉悦主要是感官上的满足与快乐，不需要思考，有很强的情绪性，但愉悦会被习惯化。举个简单的例子，炎热夏日里，你吃第二口冰激凌带来的愉悦感还不到第一口的一半；吃到第三口、第四口时，你心里想的可能就是热量有多高了；吃到最后，就索然无味了。以上就是习惯化的过程，两性关系也是如此。

我们天生对新奇的东西敏感，当某人或某物不能再为我们提供新奇感时，我们就会被其他新鲜的东西所吸引，忽略已经熟悉的人或物，而当我们对所拥有的一切习以为常时，愉悦的感觉就会消失不见，所以我们不能把生活的乐趣和激情全都建立在感官的满足上，因为这些都是暂时性的，一旦外在刺激消失，它们便会很快退去。为了能让伴侣间的愉悦感、激情状态经常出现，除了不断寻求刺激获得愉悦，我们更要学会感知并延长愉悦，而最佳的方法莫过于制造惊喜，使我们避免习惯化。

如果他有很喜欢但出于各种原因没有购买的东西，你就可以为他买下来；或将平时收集的你们相处的点点滴滴做成相册或者视频，在他生日或者两个人的周年纪念日时给他看；或平常多注意他的优点和能体现这些优点的事情，将其写成一张张小卡片，在特别的时刻送给他。此外，我们还可以做些平常不会做的事情，如平常不会给伴侣送花的人可以尝试给爱人带去一份浪漫。

当然，突然的亲密行为也可以为恋人带去惊喜，比如突然的拥抱或亲吻等，除了为对方带去惊喜，还可以为他的家人、朋友做些事情，同样可以让他感到惊喜。制造惊喜时你不用担心手法老套，也不用担心惊喜太小，很多时候，让对方开心的不只是你的礼物和付出，更是它背后代表的爱。

【珍爱案例】

周先生和夏小姐恋爱两年了，由于之前不懂经营和维系，两个人之间的感情越来越淡，变得好像可有可无。咨询师了解后发现，其实他们之间并没有什么原则性的大问题，只是过得平淡如水，缺乏激情。

后来，在咨询师的建议下，周先生破天荒地给夏小姐制造了一个大惊喜。某个周末，周先生在酒店订了一间房，然后早早地去准备了25份礼物，把它们都摆在床上，等着夏小姐来赴约。这25份礼物是按照夏小姐的年龄从1岁开始准备的，周先生想把之前25年的礼物都补上，每份礼物上还有相关的一句话或者一幅画。夏小姐看到这些礼物以后非常感动、惊讶，表示从来没有这么强烈地感受到周先生深藏在心里的爱意。

分析：如果我们不去表达、不去经营，慢慢地，重要的东西会变得不再重要，感情正是如此。我们应经常互相制造一些小惊喜，让对方知道"你在我心里很重要"。虽然每天的生活可能很平淡，但时不时出现的小惊喜总会带来些小波澜，让彼此感觉到幸福、愉悦。

7.5 注重爱的表达，使关系牢固

爱情需要承诺和保证。爱情本身是看不见摸不着的东西，因此恋爱中的男女不免患得患失，总是会想：他是否对我全心付出？他是否像我爱他一样爱着我？……这个时候，说一些情话就可以有效地安抚恋人不安的心绪。

真实的感情最能打动人，表达爱不需要太多的言语技巧，但要注意两方面的问题。首先是态度，在倾诉感情的时候，要让对方感受到你郑重、诚恳的态度，你是很认真地在向他表达爱意，因此不能嬉皮笑脸，仿佛开玩笑般随便说说；其次是内容，表达爱是一种真诚的分享行为，是你心中最真实的所思所想，因此发自内心的朴实话语才最能打动恋人，让他与你产生共鸣。

除了可以经常这样直接表达自己心中的真实感受和爱以外，我们还可以通过一些具体行为来表达爱意，使彼此的关系变得牢固。比如很多情侣会有在彼此身上做标记的行为，如在钱包里、手机中附上对方或两个人的合照，穿情侣衫等，这些行为除了表达对彼此的爱意外，还有以下几个目的。

一是建立心理防线，提醒对方注意自己已有伴侣。在新鲜感过去之后，当对方遇到了其他可能"有点感觉"的对象时，标记能提醒他注意自己已经不是单身，从而减少出轨的可能。

二是标记恋人已有伴侣，减少恋人"被看中"的概率。因为优秀的他可能会被其他单身人士误认为也是单身，从而对其展开追求。我们在恋人身上做标记，可以避免他成为其他人的"可发展对象"，从而减少感情遇到冲击的可能。

珍爱网调查数据显示：最常见的标记行为是"用情侣物品"和"在朋友圈发他的照片"，这两个选项的占比分别为35.7%和30.6%，如图7-4所示（数据来源于2018年4月，珍爱网问卷调研《你具备爱情里的仪式感吗？》，样本数量257人）。

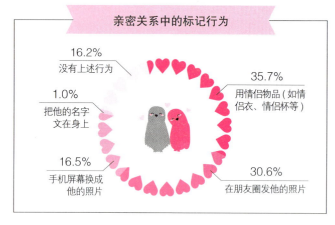

图7-4

我们在对恋人做标记时，要选择一些大多数人能接受的方式，如用情侣物品和在朋友圈发他的照片。另外，需要注意标记行为的边界感，如果强制要求对方做标记可能会引起对方的反感，我们要多给对方留一些自主的空间。

三是增加爱意，增进感情。需要注意的是，在恋人身上做标记的方式只能提出建议或表示希望，不可强求对方配合。即便对方无法接受这样的行为也不能说明他就是不爱你的，我们要注意对方的边界，不要把原本充满善意、爱意的行为变为对他的控制或要求，这样很可能会给恋情埋下隐患或直接引爆战火。

【珍爱数据】

珍爱网调查数据显示：偶尔表达爱意的人最多，占总人群的38.1%；从不表达爱意的人最少，占总人群的6.8%，如图7-5所示（数据来源于2018年4月，珍爱网问卷调研《你具备爱情里的仪式感吗？》，样本数量257人）。

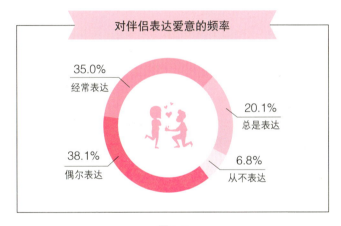

图7-5

我们分析发现，向伴侣表达爱意越频繁，双方对关系的满意度越高。表达爱意的方式有很多种，包括通过语言直接表达（如"我爱你"）或间接表达（如"我会一直陪在你身边"）；通过行动直接表达（如亲吻、拥抱）或间接表达（如为对方准备小惊喜）。

【珍爱案例】

王女士在和李先生举办婚礼时，李先生告诉她，谈恋爱时她说过一句情话，让他非常感动。王女士当时因为临时的工作任务需要加班，没有办法按照约定和李先生共进晚餐，因此本想取消约会，李先生却执意要等她，最后在地铁站里等了两个多小时。王女士忙完工作时已经很晚了，去见李先生时，看到他孤零零地待在地铁站里，心中有所触动，便对他说道："年少的时候，我想过要找个有钱的老公，但是和你在一起之后，我觉得你有没有钱已经不是最重要的了，这个世界上不会再有另一个男人像你这样，能默默地在地铁站里等我下班，这个世界上没有另一个男人像你对我这么好！我真心感激能遇到你！"王女士的一番话让李先生非常感动，当时李先生就决定要好好珍惜他们之间的感情。

分析：案例中的王女士真诚地向李先生表达了爱意，她的话发自内心，没有经过技巧的修饰，辞藻也不华丽，但正是这样朴实的话语才打动了李先生。

7.6 建立仪式感，稳固承诺

《小王子》里说，仪式感就是使某一天与其他日子不同，使某一时刻与其他时刻不同。仪式感让我们赋予生命以价值，让我们的存在获得意义。当恋情进入稳定期时，双方就需要用生活中的仪式来稳固、提醒彼此曾许下的相爱相伴一生的承诺。

仪式往往会有一系列的程序，这种程序的秩序性营造了仪式的氛围，让我们沉浸其中，从而建立起对自己的身份的认同感。比如婚礼，有的人觉得婚礼那么麻烦，不过是走个过场，为什么还要办呢？但其实婚礼的意义是一种宣告，在庄严的氛围下、在亲朋好友的见证下，通过一系列繁复的仪式程序，我们对另一半许下承诺，认同自己的身份是对方的丈夫或妻子，在之后的生活中将以新角色来要求自己。这样的仪式让婚姻更有承诺性，让人们更愿意花费心力去维系婚姻。

另外，在生活中我们还需要构建更多的小仪式，它不一定要花费多少时间和金钱，可能只是一些很小但常被忽略的事情。如我们往往会觉得陪伴家人不如手头的工作或社交往来重要，因此会花大量时间在工作和社交上，却忽略了家人，但实际上，陪伴家人并不会占用很多的时间，每周和家人一起吃两顿晚餐、每周至少和妻子约会一次、每月至少带孩子出去玩一次等，这些都可以说是仪式。真正能让爱情长期保鲜的是细节，是那些微小的事情，我们在小事上建立仪式感或养成习惯，那些爱的承诺就不会被我们忽略，彼此的感情就能够持续发展。

除了上面提到的内容，还可以通过设定共同的目标建立仪式感，共同努力地让关系更紧密。比如，两个人约定每年旅行一次或者约定一起去看极光、一起养宠物等，制造更多的共同参与感，让两个人多些牵绊。

仪式感的核心是热爱生活、用心，在日常生活中构建两个人独有的小仪式，能让我们在平凡琐碎的生活中仍时时感受到彼此相爱一生的承诺。

【珍爱数据】

珍爱网调查数据显示：超过七成的人在爱情中会有一些仪式行为，如图7-6所示。对比两组人群的关系满意度，经统计检验分析表明，有仪式行为的群体比没有仪式行为的群体的关系满意度更高，如图7-7所示（数据来源于2018年4月，珍爱网问卷调研《你具备爱情里的仪式感吗？》，样本数量257人）。

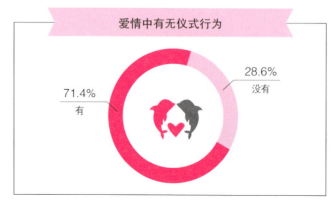

图7-6

图7-7

注：关系满意度满分为7，1表示对关系很不满意，4表示一般满意，7表示很满意。

调查发现，人们经常做的仪式行为包括庆祝每个重要节日、每天互道"早安"或"晚安"、每天回家后沟通一天发生的事情等，如图7-8所示（数据来源于2018年4月，珍爱网问卷调研《你具备爱情里的仪式感吗？》，样本数量257人）。

图7-8

仪式感能为爱情增添新的活力，是通往幸福的保障。建议人们在平淡的日子中多做一些有仪式感的行为，让普通的日子变得不普通。

【珍爱案例】

  魏先生很重视仪式感。他说自己和女朋友的感情很好，觉得很重要的一点就是两个人之间有很多小小的仪式。比如两个人在一起的第一个月、第一百天、第一年等，他们都会庆祝一下，或者送对方小礼物，或者精心打扮一番去餐厅吃饭。还有很特别的一点就是，每年的认识纪念日，他们都会在同一个地方拍一张合照保存下来。除了这些，他们在平日的生活中也很注重仪式感，比如，每天出门前都一定会吻别；每个周末一定会抽出时间过二人世界，看场电影或者到附近逛逛公园、爬爬山；每个月他们一定会抽出一天时间一起在家收拾房间，然后一起下厨做顿美食……

  像这样的小仪式在他们的生活中还有很多，魏先生说每次两个人发生矛盾争执时，要是吵得比较凶，双方都不冷静的时候，自己就会拿出"和好券"，这个是女朋友在他生日时送他的，还有"亲亲券""洗碗券"等，有需要时就可以消耗一张换一件事。只要魏先生拿出"和好券"，两个人马上就会冷静下来，很快就会和好，然后再心平气和地讨论之前的问题。

  分析：很多时候我们会对身边的人和事习以为常，觉得不重要或者忘记了有多重要，不断地在生活中构建独属于两个人的小仪式或小习惯，可以不断提醒我们"我们彼此深爱着"，就像魏先生和他的女朋友一样，不忘初心，让恋情一直幸福如初。

08

两性关系中的情商法则：

爱自己，爱他人

情商（情绪商数）的概念早在1990年就已被提出，在1995年引起了全球性的研究与讨论，时至今日，它的重要性已经得到广泛认可，有相当一部分人认为情商比智商还要重要。有研究证明，情商对学业、事业、感情和婚姻都有重要的影响。情商不同于智商，它不受制于先天因素，可以通过后天的学习和锻炼进行提高。

情商高的人能很好地控制自己的情绪、情感，形成独特的人格魅力，让大家喜欢同他交往，当然也更可能获得意中人的青睐。情商高的人懂得如何与他人相处，懂得如何去经营感情，当然也能让恋情长长久久。

那么，情商到底是什么呢？

情商是与自我及他人相处的能力。"情商之父"丹尼尔·戈尔曼和其他研究者认为，情商由自我意识、控制情绪、自我激励、认知他人情绪和处理相互关系五部分内容组成。

我们可以把情商分为以下三种能力：

（1）管理自我情绪的能力，即管理情绪。它包括自我意识、控制情绪、自我激励。

（2）察觉对方情绪的能力，即同理心。它包括认知他人情绪。

（3）协调对方情绪的能力，即社交力。它包括处理相互关系。

【珍爱数据】

珍爱网调查数据显示：近四成的单身人士认为自己"脱单"的难点在于情商低，如图8-1所示（数据来源于2018年10月，珍爱网问卷调研《官宣！这些单身误区你需要了解》，样本数量839人）。

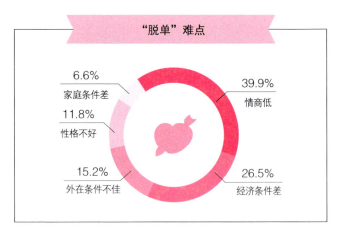

图8-1

调查显示，情商低已经超越了经济条件差，成为"脱单"路上最大的拦路虎，也显示出越来越多的人开始意识到情商的高低对于两性关系的影响，且认为自己在两性关系方面的情商能力是较为欠缺的。

【珍爱数据】

珍爱网调查数据显示：在和恋人相处时，只有两成多的人（性别不限）认为自己并不欠缺情商能力，如图8-2、8-3所示（数据来源于2019年9月，珍爱网问卷调研《谁动了你们的爱情》，样本数量409人）。

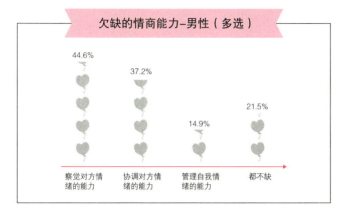

图8-2

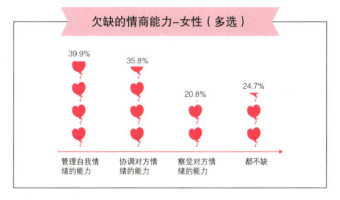

图8-3

通过上述调查，我们可以看到这方面比较明显的性别差异，四成以上男性认为自己最欠缺察觉对方情绪的能力，而近四成女性认为自己最欠缺管理自我情绪的能力。

8.1　管理自我情绪，构建爱己爱人的基础

人们常说，爱自己才会爱他人。管理自我情绪可以理解为了解自己的情绪、管理自己的情绪、改善自己的情绪，它是我们爱人的基础，也是我们处理好两性关系的前提。

8.1.1 了解自己的情绪

【珍爱案例】

张小姐跟男友王先生吃饭的时候，王先生一直在讲自己的某个同事身上发生的新鲜事。张小姐对男友说："你干吗老是讲你那个同事的事情？他跟我们有什么关系吗？"王先生的笑容微微僵了一下，他说："你一晚上都板着脸，我看你不高兴，想逗你开心嘛。"

张小姐本想说"我哪里不高兴了"，却停了一下，突然反应过来，自己好像确实表现得不太高兴。

分析：案例中张小姐缺乏的就是了解自己情绪状态的能力，即自

我感知力。这类人常常"情感内敛"，习惯性地忽视自我情绪，使得情绪不断累积和发酵，最后爆发出来，伤人伤己。

因此，我们需要培养及时察觉自我情绪的能力，这不仅可以预防情绪失控，而且能解决微小的情绪问题。

一、提升自我感知力，及时察觉自己情绪的方法

（1）情绪记录法。有意识地连续记录下自己的情绪和感受，坚持写一段时间的情绪日记。每天通过这种方式记录，我们就可以从情绪记录表上发现自己的情绪的高潮期与低落期，预测自己的情绪低落期，相应地调整自己的行为。

（2）他人评价法。了解那些经常与我们接触的人对我们的评价，可以帮助我们了解自己的情绪，而且更加客观。

如果情绪记录和他人评价这两种途径得来的评价相差不多，说明自我认知能力比较好，反之则表明自我认知上可能有偏差，需要调整。

（3）情绪自省法。找一个专门的时间对于一天当中发生的不开心的事件或者是本可以做得更好的事件，及时地进行反思和总结，通过自己成功或者失败的经验教训来发现自己的情绪特点，在自我反思中重新认识自我，把握情绪走向。

（4）情绪测试法。通过一些权威的情绪测试软件了解自己的情绪特点和倾向，或者在一些专业人士的帮助下进行情绪测试，了解有关自我情绪认知与管理的方法和建议。

以上方法可以帮助我们增加对自我情绪的了解，属于"日常保健"，而当情绪已经产生的时候，我们就需要辨别自己的情感状态及缘由，属于"生病就诊"。

二、察觉情绪，思考情绪背后的信号和需求

（1）分辨自己当时、当地有哪些情绪。当感到"心里不舒服"的时候，问自己：

①我现在有哪些情绪？主要的情绪是什么？还有没有其他情绪？

②是什么人或事引起了我的情绪？

（2）思考情绪背后的信号和需求，继续问自己：

①如果换一个情境，我是否仍然有这些情绪？

②这些情绪与我过去的经历有关吗？

③这些情绪想提醒我什么？我的需求是什么？

第一部分的问题比较容易得出答案，第二部分的问题则需要你对自己进行深入分析。

例如男友约会迟到，你大发脾气。第一部分的问题，你会意识到自己现在很愤怒，最主要的情绪是愤怒，愤怒的情绪是男友带来的。但你通常不会想到自己是否有其他情绪。如果你还感到无奈、难过，就可以去思考一下这些情绪对应什么需求。

你可以通过第二部分的问题更好地察觉自己的情绪。

例如你有愤怒的情绪时，是否能意识到男友以往迟到，你都并没有发这么大的脾气，说明迟到只是个引子。那么，这些情绪是否与过去的经历有关？你可能会想到确实与以往的经历有关，因为男友最近约会经常迟到。那么再思考一下，你的愤怒情绪想提醒你什么？你的需求是什么？是不是因为男友的忽视让你感到自己不受尊重？你希望的情况是什么样的呢？你想让男友更重视你们的这段感情吗？这个需求又该怎么得到满足呢？

你想明白情绪背后的信号和需求，找到了源头，注意力就可以转换到如何解决问题上，情绪也可以得到进一步的缓解和释放。

8.1.2 管理自己的情绪

一、情绪管理是事情变好的基础

【珍爱案例】

　　杨女士因为没有处理好婆媳问题，最终离了婚。离婚后，她一直很关注前夫的情况，经常翻看他的朋友圈。某次相亲时，杨女士在等待男士的过程中又看到了前夫的朋友圈，此后一直情绪不好，跟相亲的男士讲起了自己过去和婆婆相处的经历，还指责前夫不帮自己，说到动情处甚至声泪俱下。男士觉得非常尴尬，不知道说什么好。

　　分析：根据珍爱网咨询师的服务经验，近三成的会员在征婚过程中有过情绪过激行为，而剩下七成多的会员虽然没有过激行为，但并不意味着他们管理情绪的能力很好。

　　无论是谁，都不希望自己的另一半是情绪不稳定的人，因为这意味着两个人相处时自己可能会承受更多的压力。换位思考一下，你也不希望你的另一半是个情绪不稳定的人，因此，我们应该学会管理自己的情绪，而不是要求对方包容和支持情绪不稳定的我们，把责任转嫁到对方身上。

　　在两性关系中，管理好自己的情绪是所有事情越变越好的基础。良好的情绪管理能力可以让你给可能的对象留下好印象，可以帮助你避免与他人产生无谓冲突。当恋人情绪失控时，若你的情绪稳定，你还可以去影响和安抚对方，维护好两个人的亲密关系。

对于情绪管理能力不佳的人来说，情绪来得快去得也快，在当时是难以自知或难以自控的，往往在爆发之后才会感到后悔。因此，我们管理情绪不能靠临时的应变方法，而应该在平常就训练自己这方面的能力。

二、情绪管理的步骤

（1）接纳自己的情绪。

即使是负面的情绪，如恐惧、嫉妒、怨恨等，我们做的第一步也应该是承认和接纳它。

有的人失恋时很痛苦，但不接纳自己的情绪，不允许自己伤心，装作很坚强的样子，嘴上说"我没事"，但真的没事吗？压抑的情绪得不到释放，无法自行消失，积累到一定程度就会爆发出来，伤害到身边的人。而且，在压抑情绪的过程中，我们自身也并不快乐。不承认自己的情绪，实际上就是我们在和自己的情绪做斗争，这种内耗会让我们感到身心疲惫。如果听到别人说"你好像有心事""你有些放不开"，我们就要想想自己是不是有情绪了。失恋后大声痛哭的人也许看上去很狼狈，但他们至少敢于面对自己的伤口，承认自己的伤心和失败，因此也能更快地恢复。我们只有承认和接纳了情绪，才能给它留下弹性空间，减轻内心的焦虑和不安全感，最终有利于情绪的恢复和表达。

（2）管理自己的情绪。

①转移注意力。如同过敏一样，只要不接触过敏源，过敏症状就会减轻和消失，微小的、即时性的情绪只要离开"刺激源"就可以自然消失。即使是比较强烈的情绪，为了使它不至于积累、恶化、爆发，离开"刺激源"，有意识地将注意力挪开，也可以避免"越想越

气，越想越心寒，越想越失望"的情况。

②反向心理调节法。很多时候，为了避免糟糕的情绪，人们有意识地把事情往正面的方向进行解释，这可以有效地平复自身的情绪。俄国作家契诃夫曾说过："要是火柴在你的口袋里燃烧起来，那么你应该高兴，而且感谢上苍，多亏你的口袋不是火药库。要是你的手指扎了一根刺，那么你应该高兴，幸亏这刺不是扎在眼睛里。"这就是典型的反向心理调节法。

③向他人倾诉。把心中的不满或愤怒向你认为合适的人说出来，诉说就是情绪释放的过程，而且很可能得到"旁观者清"的意见。倾诉时要注意方式，不要把别人当成情绪的垃圾桶，以探讨求教的态度倾诉会更容易获得真实的意见。

④运用"情绪ABC理论"来管理自己的情绪。情绪ABC理论的含义是：A指发生了什么事情，称为"前因"或"事件"（Activating event）；B指我们怎样看待发生的事情，即我们是怎么想的，称为"看法"（Beliefs）；C指这件事情导致了什么样的情绪和行为，称为"结果"（Consequences）。

我们常常误以为是A导致C，即因为发生了某件事，所以我的情绪好或者不好，但根据情绪ABC理论，其实是B导致了C，即我们对这件事情的想法，导致后面的情绪产生。

以情人节男朋友送花为例，有人会觉得很幸福，男朋友给了我一个惊喜，他真的很爱我；但也有人会觉得很郁闷，男朋友只是送了一束玫瑰花，这太敷衍了，一点儿都不用心，根本不爱我。同样的事件，不同的认知产生了不同的情绪。

所以我们说的管理情绪其实就是管理"B"。具体怎么做呢？

第一步：觉察、识别出自己当下的情绪——情人节收到男朋友送的花，我当时的情绪很郁闷。

第二步：找到情绪背后的看法B——我觉得郁闷是因为他每年情人节都送我花，根本没用心准备礼物，很敷衍。

第三步：与自己辩论，判断看法B是否合理——需要注意的是，有的时候我们会比较难判断自己的看法B是否合理。

这里可以介绍三种常见的不合理看法B，看看自己的想法是否符合不合理看法B的特征。

绝对化，即认为某事物必定发生或不发生的想法。事实上，我们是无法控制他人的行为的，自己认为他人或者事情必须怎样，就应该怎样，这其实是一种不客观的想法。例如，"情人节他必须送我非常用心的礼物"。

以偏概全，即把"有时""某些"概括为"总是""所有"等。这是用片面代替整体，也是不客观的做法。例如，"情人节他就送我一束玫瑰花，他总是这样敷衍"，把对方偶尔的行为概括为经常的行为。

糟糕至极，即把问题扩大化、严重化，认为如果一件不好的事情发生，将是非常可怕和糟糕的。这是对未来的悲观臆测，也是不客观的想法。例如："情人节他就只送了我一束玫瑰花，这太糟糕了，现在他就这样对我，我们以后的日子还有浪漫可言吗？"这就是从一件小事进行扩展，认为会产生糟糕至极的后果的想法。

第四步：重塑合理看法B——男朋友在情人节送花并不是敷衍行为，可能是因为他认为送花是最浪漫的，是一种爱的表达。

通过管理不合理看法B，我们就有了新的情绪和状态，达到了内心的平静，同时能够更多地想到生活中的其他细节，更好地理解对方。

三、探索情绪背后的需求，向当事人合理表达

每一种负面情绪背后都有一个未得到满足的需求，当我们陷入负面情绪中时，找到其背后的真实需求进行满足，负面情绪自然就消散了。

当负面情绪的产生与他人有关时，就需要我们进行有效沟通。有的人害怕被认为不成熟，因此压抑自己，不进行表达，于是情绪累积到一定程度后，突然爆发；还有的人则正好相反，有了情绪马上表达，让人感觉他很难相处。为了避免这两种情况发生，我们需要在表达时运用一些技巧。

正确的表达由三个部分组成：陈述事实、我的感受和我的需要。

【场景演练】

男友太忙，冷落了自己时你该怎么表达呢？

首先要避免绝对化、不客观的描述。例如，"你就知道工作，一点儿都不关心我"，这样不客观的表述不仅不会引起别人的重视，反而会让人认为你的描述添油加醋、夸大事实。

其次要避免指责性的话语。例如，"你太自私了，你就不能为我想想吗"，这样的表述往往会激起对方进行防备和反击，最后形成冲突。

参照表达：

"最近我们在一起的时间很少（陈述事实），我觉得很孤单，好想你（我的感受），如果你周末没什么事情，能不能陪陪我？这会让我感觉好一些（我的需求）。"

这样表达不仅没有攻击性，而且表达了自己的需求，让男友真实地了解了你的感受，知道怎么做会更好。

8.1.3 改善自己的情绪

在两性关系中，我们常常会因为情感受挫陷入自我怀疑的境地，对感情丧失信心。

【珍爱案例】

陈小姐首次相亲时，对方表示对她没有眼缘，评价她长相一般，有些矮，看着没什么气质，也没有精神，这种评价对首次相亲的陈小姐打击很大，导致她对找对象这件事非常悲观，感觉再难遇到真爱了。之后的征婚过程也很不顺利，陈小姐明确表示不太想继续相亲了。

分析：陈小姐此时处于情绪低谷期，心态如果得不到调整，很难找到自己的幸福。在遭遇困难和挫折的时候，逃避不去面对是不能解决问题的，有些时候我们可以使用积极暗示的方法进行自我调整，必要时可以寻求专业人士的帮助。

我们可以从以下三个方面进行自我情绪的改善。

（1）改变意识。人们在消沉时，时常会怨天尤人，产生很多偏激的想法，因此需要认清自己的价值，可以回顾过去成功的经验来客观地看待自己、鼓励自己。

在低谷期的人总是自怜自伤，很难看到自己的价值，为避免这种情况发生，我们需要在平时多多肯定自己。如当我们完成一件自己想干的事情或者得到别人的称赞和肯定的时候，就写一张字条放进一个罐子里，当遇到困难和挫折或者心灰意冷的时候，就从这个小罐子里拿出几张字条看看……这样，我们就不会忘记自己的价值。

（2）采取行动。用行为调整状态，做一些积极的行动，再用行动来影响意识。心理学家艾克曼做过一个关于愤怒的实验：实验者假装愤怒，结果心率和体温都上升了，即使实验完毕不需假装了，实验者也很激动。心理学家认为，人类的身体和心理是相互影响、相互作用的整体。当我们产生某种情绪时，会引起相应的行为和生理反应。同样，当我们有某种行为和生理反应时，为了保持整体一致，我们会产生相应的情绪。当我们被负面情绪侵扰时，让自己的行动积极起来，如让自己大笑，假装自己快乐或假装自己能做到、能做好，并真的去做，我们的情绪就会被带动着往好的方面发展，最终形成良性循环。

（3）积极暗示。相信自己，进行积极的自我暗示，保持乐观向上的状态。积极的心态来源于积极的心理暗示，一个人相信自己很好时，就能获得周围人的喜欢，就会变得很有魅力。相反，消极的心理暗示会对人起到破坏性的作用，一个人觉得自己什么都不行时，就真的什么都做不好，所以，我们要经常鼓励自己、相信自己，保持自己的积极状态。

积极暗示在完全放松状态下的效果最好，当你意识也放松时，积极、肯定的意念可以嵌入你的潜意识之中。当你舒舒服服地躺在床上快要入睡时，告诉自己，"我会越来越漂亮""我一定会很幸福""一切都会越来越好"等，让你的意识感受到你对自身的安抚和鼓励，你的内心就会平静很多。

8.2 善用同理心，发展心意相通的关系

同理心是识别他人的情绪，并让自我情绪与他人情绪产生共鸣的能力，我们可以把它理解为换位思考的能力。在遇到问题、冲突时，我们不仅要站在自己的立场思考，还要站在对方的立场思考，这样就可以更容易理解对方的言语和行为，消除误解。

珍爱网咨询师的服务经验显示，大部分运用同理心能力较差的人，不能及时地察觉恋人的情绪。

8.2.1 识别恋人的情绪状态

一、从自身麻木漠视的心态中走出来

【珍爱案例】

张先生和王小姐的条件很般配，两个人相亲之后很顺利地开始交往，但经常因为一些小事吵架。有一次两个人约会，约定的时间到了，王小姐却迟迟没来，也没有消息，张先生打电话也联系不上她。一个多小时后，王小姐才姗姗来迟，眉头紧皱，气

喘吁吁。当她进入约会包间时，张先生还没有反应过来，面无表情，迟了几秒钟才站起身来。他们看着彼此，没有说话。僵持数秒后，王小姐对张先生说："你还在这里等我呀？"张先生回道："是呀，我傻嘛！"王小姐回道："你怎么这么讲话？"张先生回道："我怎么说话？我就这么说话！"两个人因此吵了起来。

分析：张先生和王小姐在当时当地都只关注了自己的处境，没有去体会对方的感受，加上都没有管理好自己的情绪，就发生了冲突。

心理上的自恋和自我中心现象使得发生意外事件时，我们总是习惯于沉浸在自己的情绪中，很少去关注别人。王小姐知道张先生默默等了她一个多小时，只要稍微想一想，就知道对方肯定不开心。但当时当地，她只想着自己遇到的意外，心中又烦又急。而张先生看到王小姐匆匆而来，却只想着自己像傻瓜一样等了那么长时间，心中不满。王小姐进来后还那么说话，他很生气。他们都只看到了自己的处境，只关注了自己的感受，没有去体会对方的感受。

在开口交谈之后，两个人也都是站在自己的角度表达。女士说"你还在这里等我呀"，其实是带有一丝歉意的，但男士本就心中不满，觉得自己等了这么久挺傻的，于是站在自己的角度就理解为这是一句嘲讽，自然回以颜色。女士本来是道歉，却不被理解，且又收到男士的挑衅——"是呀，我傻嘛"，因此没有考虑男士为什么会有这样的表达，就马上回击——"你这人怎么这么讲话"，于是问题扩大。

在交谈的过程中，如果两个人能稍稍停一下，注意到对方的情绪，可能就不会吵起来了。比如男士停一下，反问一句："还在这里是什么意思？"女士就有机会解释自己的意思，或者男士说自己傻后，女士停一下，承认自己的失误——"我感到很对不起你，让你等了这么长时间。"男士的情绪就会被安抚到了。

运用同理心，去"看到别人的情绪"，在说话做事时为他人留下余地和空间，勇于承担责任，就可以避免产生许多抱怨、责难和嘲笑。

二、从对方言行举止的细节来判断

没有经过专业训练的人很难掩饰自己的情绪，总会在语言、表情和肢体动作上表现出来。

首先是言语。言语中的遣词造句会反映出当事人的感受。除此之外，语音、语调也会透露出一些信息。一般来说，如果恋人有不满情绪，说话的速度就会变慢；如果恋人心中有愧或者是在撒谎，语速就会加快；如果恋人突然提高声音说话，就说明他想压倒、说服别人。

此外，我们可以多关注恋人的说话方式和措辞习惯。比如平常能言善道的人突然吞吞吐吐，平常惜字如金的人突然滔滔不绝，突然改变措辞习惯，这些都可能是受到情绪的影响。

其次是表情。面部表情表明了人们的情绪和情感状态。举例来说，当你在外国时，即使与当地人语言不通，你也能看出别人是否高兴或厌恶。这是因为面部表情所传递的基本情绪在全世界范围都是一样的，它的普遍性是人类生而具有的天赋。当人们正常表现自己的情绪时，我们可以通过面部表情进行准确辨别。

遗憾的是，当人们有意识地进行掩饰，或者只凭短短一瞬间的表情我们是很难准确识别其情绪的。心理学家做过相关的实验。他们向实验者展示了6种基本表情的照片，结果实验者只正确判断出了其中两种。这说明在表情信息不足的情况下，很多人其实并不能正确地识别他人的面部表情。因此，想要通过表情去判断他人当时当地的情绪，我们可以通过仔细观察、熟悉对方、学习识别表情的能力等方式提升准确率。

此外，有的人会表现出"面无表情"的状况，这其实是一种不自然的状态，通常代表他们有情绪，但在努力克制自己，以至于其他的表情也一起消失了。这个时候如果你刺激对方，就可能让他情绪爆发。

再次是肢体动作。一些常见的动作，如用手摸脸、摸胳膊等自我抚触的动作，其实是在自我安慰，多出现在不安、紧张、害怕的时候；一些重复性的动作，如玩手指、绕自己的头发等，其实是在排遣无聊，多出现在感到不耐烦的时候。

在日常生活中，我们可以多留意恋人或身边人的表现，琢磨他们这些表现背后的意义，这样我们就可以及时察觉对方的状态的改变。

8.2.2 引导恋人表达情绪和想法

当恋人"不对劲"时，我们应尽可能地让对方表达出真实的情绪和想法，避免误会的产生。引导对方表达自己的情绪，可以为之后的情绪处理打下基础，不仅可以避免两性交往时的冲突，还能提升相处的质量。

一、接纳并关注对方的情绪

【珍爱案例】

李小姐和刘先生原计划周末一起出去玩，可李小姐不仅被临时安排去加班，还因为领导安排不当，导致她加了一天班却做了无用功。回到家时，李小姐心中很不爽，她看到刘先生在玩电脑，而自己临出门时让他晾的衣服依然在洗衣机里。李小姐感到非常生气，对刘先生发起了脾气。

刘先生因为一件小事被骂，也很不高兴，觉得李小姐是被叫去加班不高兴，拿他出气，因此也不想去哄她。两个人冷战了两三天。

分析：当你察觉到对方有情绪后，要去接受对方有情绪这个事实。这时，你尤其要注意不能去否定、指责他的情绪。如果刘先生说："至于吗？不就这点儿小事吗？有什么好值得生气的？"相信李小姐的三分火气马上会变成十分，这是因为在李小姐看来，刘先生完全不接纳、不理解她。每个有情绪的人，都有引起情绪的逻辑和理由，你不接纳他的情绪，就是不接纳他本人。

那么，正确的接纳行为是什么样的呢？

首先，你要保持冷静，用你的冷静去影响对方。注意不能被对方的情绪带走，两个情绪激动的人是无法好好沟通的。

【珍爱数据】

珍爱网调查数据显示：因为一点儿小事被恋人指责时，53.8%的女性和70.2%的男性可以保持冷静，让对方把话说完。也就是说，有近五成女性在恋人开始指责自己时有强烈的情绪，甚至不能让自己保持冷静，听对方把话说完。此外，男女吵架时，女性"翻旧账"的比例是男性的4倍多，如图8-4所示（数据来源于2019年9月，珍爱网问卷调研《谁动了你们的爱情》，样本数量409人）。

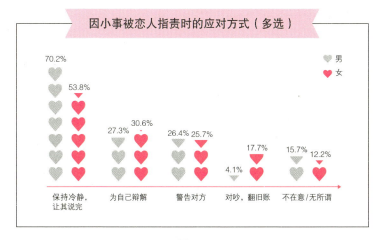

图8-4

　　以上数据中，男女有比较明显的性别差异，正如之前的调查显示，男性的情绪自控能力更强，但大多数男性在语言能力方面不如女性，因此在矛盾发生时，他们更习惯控制自己，避免进行言语的争论。而多数女性则相反，因此，女性应更多地加强自己接受对方的情绪的能力，这样才可以真正了解恋人的想法和需求。

　　其次，尽量用客观的语言描述当前事实。这样做一方面可以确认对方的情绪"刺激源"，另一方面描述客观事实是在向对方表态——我能理解你的情绪，以减少对方的不良情绪。

　　结合上述案例，刘先生可以说："亲爱的，你看到洗衣机里的衣服没晾，因此感到非常生气，对吗？"

　　李小姐生气地数落道："是呀，你看看你……"刘先生就可以确定衣服是"刺激源"，而刘小姐感到自己的行为被理解，可能说两句就会消气了。

　　最后，表达接纳，不要辩解。

　　刘先生可以说："我明白了，难怪你生气。"

在两性关系中，进行道理上的辩解不仅不会让对方消气，反而可能引起更严重的冲突。如果刘先生跟李小姐辩解说："亲爱的，你出门前没有跟我说要晾衣服啊！"李小姐的反应可能是"我当然说了，是你没听见。"或者"我不说，你自己看不到吗？衣服我都洗好了，你连晾一下都不知道？什么事情都要我来说，好像这个家就是我一个人的一样。"正如上文提到的，每个有情绪的人，都有其引起情绪的逻辑和理由，你不接纳对方的情绪，就是不接纳对方。你的辩解再有理，对对方来说仍然是"不接纳"。

二、引导对方分享真实感受

【珍爱数据】

珍爱网调查数据显示：见面发现恋人生气时，近五成的男性不会去询问对方"发生了什么事情"，如图8-5所示（数据来源于2019年9月，珍爱网问卷调研《谁动了你们的爱情》，样本数量409人）。

图8-5

可以看到，在选择询问的人士中是存在性别差异的。女性习惯于分享和沟通，所以更多的女性会询问对方，而在这方面不那么擅长的男性可能因对自己的沟通能力不自信而不敢去碰"炸药桶"。

所以我们要知道怎样正确引导对方分享自己的事，男性尤其需要注意。

首先，要正确提问，体现自己关心的态度。

提问需有目的性，提问之前，你要想明白你问这个问题的目的是什么。

比如在接纳了对方的情绪，等对方冷静了一点儿时，刘先生可以这样问："亲爱的，你的脾气很好，平常这样的小事，你是不会对我发火的，今天你突然这么生气，是为什么呢？"这个问题的目的是收集信息，探寻李小姐发脾气是不是还有其他原因。

需要注意的是，不要出于好奇心或猎奇的心理去提问，这样会让恋人感觉你不是出于关心而进行提问；不要冒失地提问，这样会让恋人感觉被冒犯和侮辱；不要审问，这样会让恋人感觉被检查，因此会拒绝交流；不要追根究底，这样会让恋人处于防守地位。这些提问方式会让恋人感到不舒服，你也得不到有用的信息。

其次，要正确倾听，满足对方述说的需求。

提问之后，对方也许会将自己的不满说出来，这时你必须先认真地聆听对方讲述，满足其被倾听的需求。注意：你一定要认真地把事情从头到尾听完，中间尽量不要打断对方，让对方感觉完全被关注和接纳。

当然，有些时候你明明察觉到对方有负面情绪了，但向他引导或求证时，他可能会否定，尤其是男性，可能会说："没有啊！"发生这样的情况也没关系，虽然对方否定了，但他依然会感觉到你的关心，这样就可以了，不要一直追问或揭穿对方，可以等时机成熟时再沟通。

最后，要正确回应，表明自己支持的态度。

当了解对方真正的情感诉求后，你就要运用同理心去感受，肯定其产生这种情绪的原因，而不是去判断事情的对错。消极的事件中也有积极的一面，你可以让对方看到这一点。比如，刘先生可以说："领导周末叫你，说明很信任你。我老婆能力这么强，大家都很信任你呢！"或者"今天下雨了，如果我们去约会搞不好就要淋雨。我看了明天的天气预报，是晴天，我们明天去能看到更美的风景。"

8.3　掌握社交力，经营和谐甜蜜的爱情

　　社交力是处理人际关系，调控自己与他人的情绪反应的技巧。在两性关系中，社交力可以帮助你更好地处理自己和对方的冲突，更好地协调两个人之间的关系。在本节内容中，我们将从赞美恋人、说服和影响恋人、向恋人表达不满、安慰恋人、拒绝恋人、向恋人道歉六个方面进行探讨。

8.3.1 赞美恋人

　　马斯洛需求层次理论中，尊重需求排在第四个层次，它可分为内部尊重和外部尊重。内部尊重即人的自尊；外部尊重是指一个人希望有地位、有威信，受到别人的尊重、信赖和高度评价。马斯洛认为，尊重需要得到满足，尊重能使人对自己充满信心，对社会满腔热情，体验到自己活着的用处和价值。

　　在两性关系中，赞美不仅可以满足对方被他人认可的需求，而且可以巩固其自身的自尊，男性尤其期望被自己的伴侣认可。因此，学习一些赞美伴侣的技巧对我们建立及维持亲密关系非常有帮助。

一、赞美的方式

（1）赞美要及时。根据珍爱网咨询师的服务经验，仅有不到四成的会员在相亲时对对方有好感会马上进行赞美。

因此，我建议大家在发现对方的优点后马上进行赞美。有的人可能是慢半拍，有的人可能是想找更好的词语加以修饰，但如果错过时机，赞美就会显得不合时宜。例如，老婆早上起来给老公做了早饭，但老公吃完就上班去了，晚上回来才跟老婆说早饭好吃，老婆可能会想：如果真的好吃，为什么早上不说呢？现在才说可能不是出于本心。

（2）赞美要有细节支撑。生活中，有的人的赞美显得很真诚，有的人的赞美则显得很敷衍。让自己的赞美变真诚的方式是在赞美时代入真情实感，描述一些细节，让对方感受到你的赞美是有事实依据的，是真心认可。恋人或者夫妻之间即使相处久了，仍然不能敷衍地赞美，要具体化。比如，赞美老婆今天很漂亮，直接说"你看上去很温柔、很漂亮"，不如说"你知道吗？你今天看上去有一种特别的味道。这身旗袍把你的好身材全都凸显出来了，特别有东方女性的温婉气质"。如果再来点儿夸张的肢体动作，就更能让伴侣开心了。

（3）赞美要有持续性。大多数人在热恋期经常赞美恋人，但在感情稳定后，就很少赞美了。但如果我们能养成习惯，感受到对方的优秀和好处之后马上进行赞美，不仅自己不会觉得累，还能让对方"一直"感受到你的爱，对于两个人关系的持久稳定非常有益。

（4）赞美要"礼尚往来"。当恋人赞美我们时，我们出于谦虚或害羞会说"哪有""不是这样"之类的话，但这可能会让对方有被否定的感觉。事实上，坦然接受恋人的赞美并赞美回去，可能会让恋人之间的感情更好。比如男士夸奖女友性格温柔，女士可以说："因为我有个特别棒的男朋友，所以我每天的心情都很好，自然就温柔了。"女士夸男友对自己好时，男士可以说："你这么可爱，谁能忍住不对你好呢？"

二、赞美的内容

有的人可能从小就不太会赞美别人，也不知道怎么赞美，这在两性相处方面会造成很大问题。对方能成为我们的伴侣，必然有值得我们肯定和打动我们的地方，对于这些我们要马上表达出来。

表达赞美时，我们要结合具体事情进行描述，再加入一些自己的观察，这些相处过程中的真实事情，更能打动伴侣。

除此之外，我们还有一些常规的可以赞美恋人的方式。

（1）赞美对方自得之处或者渴望得到认可的部分。例如聊天时，恋人说他的工作中出现了个难题，并阐述了自己是怎么想的、怎么做的、结果怎样，这其实就是一个"求表扬"的信号。这时，你可以赞美的地方非常多，如赞美对方工作认真负责、聪明机智、动手能力强、会与人沟通、人际关系好、敢于挑战自我、敢于面对失败等，还可以根据恋人的表述发现他的描述重点在哪里，从而进行赞美。

（2）赞美对方优秀表现中反映出的内在品质。赞美对方的成就（外在表现），不如赞美他的努力和付出（内在品质）。例如：赞美恋人生意兴隆，不如赞美他脑子灵活、生财有道；赞美恋人穿着漂亮，不如赞美他身材、气质出众。

（3）赞美对方的地位和价值体现。举个例子，丈夫生病住院了，整个人病恹恹的，妻子鼓劲说："亲爱的，就算你生病了，你仍然是我们家的主心骨，我和孩子都很需要你。我相信你一定能很快好起来，你在我心中是最棒的。"妻子赞美了丈夫在家庭中的地位和价值，丈夫也会感受到自己是被需要、被尊重的，会对妻子更有保护欲。

三、赞美的性别差异

在两性关系中，男女想要得到的认可是不同的，具有针对性的赞美才更有效。

在赞美女性的时候，要特别注意女性的情感体验。即使女方的某一方面不那么完美，男方也需要给予赞美。这种赞美也许不能完全满足对方被尊重的需求，但能满足对方被爱的需求。比如妻子的厨艺不佳，丈夫可以说："老婆，你做的饭很好吃，因为有你满满的爱意！"

在赞美男性的时候，要特别注意男性的成就体验。相较于女性，男性更需要恋人的尊重和崇拜。因此，在两性关系中，女方应该多鼓励男方，告诉他你有多欣赏他。赞美的内容也不一定非要是非常明显的优点，在日常的相处中若发现对方在某些细微之处有优点也可赞美，如："老公，你炒菜时的样子最帅啦！"当然，如果称赞男性"能干""顾家""有责任心"等，不仅能让男性感到自己的付出被认可，还能让他们心甘情愿地为家庭付出更多。

8.3.2 说服和影响恋人

【珍爱数据】

珍爱网调查数据显示：45.8%的男性和24.2%的女性表示自己和恋人意见不同时，基本不能说服恋人，说明有相当一部分人欠缺这方面的能力，如图8-6所示（数据来源于2019年9月，珍爱网问卷调研《谁动了你们的爱情》，样本数量409人）。

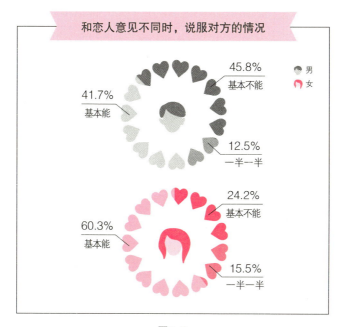

图8-6

一、说服和影响的步骤

在恋人相处时，常常会有意见不同的情况发生，双方掌握一些说服技巧，不仅可以减少冲突的产生，还可能说服对方听从更好的建议。

说服和影响可以分为以下三个步骤。

第一步，处理情绪。

（1）管理自己的情绪。两个人的意见有分歧时，最容易产生冲突，如果双方不能管理好自己的情绪，就很容易把事情搞得一团糟。只有双方保持冷静，才能用冷静的态度去影响对方，对其进行说服。

（2）释放对方的情绪。学会站在对方的角度看问题，说出对方心中的话，让对方认识到你们不是对立的，这样两个人才能一起去协商和解决问题。

第二步，找到双方共同的利益点进行说服。

在说服和影响对方的过程中，最重要的是你要了解对方的心理动机，瓦解对方的原有意识，进而按照自己的想法看待问题，从而得出一致的结论。在说服过程中，你要尽量从对方的角度去阐述问题，使对方更容易接受自己的想法。如果你找不到双方共同的利益点，即说服的结果对对方无益，是无法进行说服的。

第三步，巩固说服效果。

你成功说服对方后，要进行收尾，诸如给予对方安慰和补偿、提供后续问题的解决方案等。

【案例分析】

在《媳妇的美好时代》中，女主角毛豆豆因为男主角余味的生母曹心梅失去了工作，只能打零工，当月嫂。余味的继母姚静邀请毛豆豆到自己的广告公司工作，这让豆豆很是心动，但余味因为自己的生母和继母不和，不想让毛豆豆卷进两个人的争端中，因此说服她不要去。下面我们看看他是怎么进行说服的。

毛豆豆："去姚静阿姨的广告公司上班可以学点儿东西，她还给我开那么高的工资，又是自己人罩着，挺高兴一事情，我真挺想去的。"

余味的反应是："是、是、是、是。"

余味在这里控制了自己的情绪，如果他表现出紧张、不高兴、态度强硬，会影响接下来的说服结果。同时，他也释放了毛豆豆的情绪。他首先肯定了毛豆豆的想法，认可这份工作对于她的价值，让她感受到两个人想法一致，是站在同一战线上的，这样毛豆豆就会说出自己的真实想法。

毛豆豆："可你觉得我能去吗？我觉得太倒霉了，自从嫁到你们家，工作没了，现在好不容易找到工作又不能去，我得顾这个顾那个。我特委屈！心里委屈！"

余味的反应是："是、是、是、是。我跟你说，这件事第一赖我妈，对吧？第二赖我妹妹余好。她们把你的善良当作软弱可欺。"豆豆本来回避余味的视线，这个时候抬起头来看着他。余味接着说："对不对？是可忍，孰不可忍。"

毛豆豆在这个问题上是纠结、摇摆不定的。余味从她的角度出发，与她共情，说出了她没好意思说出来的话，进一步引导她释放情绪。毛豆豆看到丈夫是站在自己的角度思考，并谴责了他的母亲和妹妹，感到丈夫确实是站在自己这一边的，就不会抵触他的话，也会更重视他之后的意见。

处理了情绪问题后，余味才开始进行说服："但是话又说回来，你要是真的去姚静阿姨的公司上班，你认为你能高兴吗？"

注意，他说的是"你"能高兴吗？即使开始说服了，他也是在用毛豆豆的立场想问题。

余味继续说："我为什么这么说呢？就是因为你是一个独立性强、有工作能力的人。你到时候去了，别人知道了你是关系户进来的，肯定给你白眼，你就会心里不痛快。你是能高能低，比如说你原来当护士，后来当月嫂，这不是哪个女人都能有的。我余味就冲这一点，就特别佩服你。咱俩一块好好努力，共创未来、开拓未来，找一份更好的工作，适合你的。你就算什么都不干，我余味养着你，怎么样？"豆豆默然，转移了话题。余味接着说："我再次跟你表一下态，我余味永远是你的钱包。你永远是奴隶主，我永远是奴隶。"

余味这一大段话，先说出了她不适合这份工作的理由，中间赞美了对方，肯定了对方的行为方式，最后进行了安慰和鼓励——"我们一定会找到更好的工作"，并提供解决方案——"我养你，我是你的钱包"。

这虽然是一个简短的说服过程，但比较完整地涵盖了说服的各个步骤。首先，余味自己保持冷静，认同对方的情绪，说出了豆豆的心里话，然后找到了共同的利益点——家庭和谐。豆豆明白，如果接受了这份工作，可能会引起家庭矛盾。最后余味巩固说服效果，给予安慰和补偿——我们会找到更好的工作，我永远是你的钱包。

在我们的现实生活中，找到共同的利益点是说服的主要内容。

【场景演练】

丈夫想让妻子和母亲同住，妻子想说服丈夫放弃这一点时该怎么办呢？

首先，克制自己的情绪。如果妻子用和丈夫吵闹的方式解决问题，可能结果是不同住了，但夫妻的感情也必然会受到很大伤害，甚至影响一生。

其次，释放对方的情绪，站在对方的角度想问题。"我理解你的想法，担心妈妈身体不好，希望我们能就近照顾她，希望一家人和和美美地生活在一起。"总之妻子要表示自己理解丈夫心中的想法，同时引导对方，探究对方有没有更多的想法。

再次，找到双方共同的需求和利益点，瓦解对方的原有意识。

在这里，虽然是双方的利益点，但尽量用对方的角度来表达想法。

例如：

"妈妈在这边住，我们的二人世界就被打破了，可能有很多事情不方便。长久下去，我们的夫妻关系会受影响。

"你还记得我之前的同事小赵吗？她之前和婆婆的关系很好，住到一起后发生了很多矛盾，最后三个人都不开心。

"如果我和妈妈发生矛盾，你站在哪一边呢？家里的道理讲不清楚，到时你当'夹心饼干'可能会很为难的，也会影响你的心情和工作。

"婆媳问题是自古以来的难题，我其实没什么信心，很担心自己处理不好。不如给我们大家一个缓冲，一步步来，先让婆婆住到附近，这样如果出现问题，我们也比较好处理。"

最后，让丈夫认识到如果发生了问题，自己可能没有办法处理好，或者处理好要耗费很多的精力，影响生活和工作，丈夫很可能就会重新考虑这件事。

收尾，给予对方安慰和补偿。例如赞美丈夫为自己考虑，对自己体贴；提出在小区附近给婆婆租住一间房，就近照顾等。

二、说服和影响的注意事项

我们在说服别人的时候，需要注意两点：

（1）要站在对方的角度说话，结果一定要对对方有利。如果找不到共同的利益点，或者利益对对方来说不够大，就很难说服成功。

（2）不要抱有过高期待，要尽力而为。"我一定要说服对方"，如果你是抱着这样的心态，在说服的过程中就会不自觉地"压"着对方，激起对方的反感情绪，很难真正说服对方。说服和影响对方时，必须为彼此留下情面，更多的是协商。成功的说服方式，是一定要令对方心甘情愿的。

8.3.3 向恋人表达不满

根据珍爱网咨询师的服务经验，近六成的会员不太会处理与恋人的冲突。

在和恋人相处的过程中，对方身上总会有一些让你不高兴的小毛病。当你对对方的行为产生不满时，如何表达，才不会演变成一场争吵呢？

一、表达不满前的注意事项

在向对方表达不满之前，我们要注意四个方面的问题。

（1）是否有必要表达不满？小事就不必苛责了。两个人生活在一起，小冲突无可避免。比如看电视时，对方喜欢瘫在沙发上，对于他来说，这是让他感觉最放松的姿势，而你认为他应该坐正。从道理上说你的想法也许正确一些，但从情理上说，你却错了，因为你忽略了恋人的需求和感受。那么你该怎么办呢？你可以通过以下两个参考标准来评判是否需要表达不满：这件事是否会伤害对方自身或别人；这件事是否会影响到你和双方的感情。

以瘫坐为例，对自己和他人的伤害微乎其微，也不会影响恋人之间的感情，你完全可以"允许"对方做让他感到快乐的事情，类似的事情还有周末睡懒觉、从中间挤牙膏、吃完饭后没有马上洗碗等。但如果对方经常和别的异性聊天，这就伤害了伴侣，也伤害了两个人的感情，就需要表达不满。

（2）表达不满时，要注意态度，照顾对方的感受。有的时候，你本身是占了理的，但是因为态度不好，引发了无谓的争吵，使自己变成了过错方。比如，女友批评男友光顾着玩游戏不理自己，态度过激地说："我怎么找了你这样的男朋友，真是瞎了眼。"男朋友本来还有些内疚，听到这样的话，立刻就生气了："我才瞎眼呢，你脾气这么差！"接下来就会变成两个人的互相指责。

（3）表达不满要掌握时机。表达不满的最好时机是两个人单独相处且双方心情都不错的时候，此时对方更容易接受你的"建议"。切记不要在公众场合或者亲朋好友面前表达不满，在别人面前时，你要维护恋人的颜面和感情。

（4）表达不满不能上升到人身攻击。低情商的人在表达不满时，往往不能控制情绪，把问题严重化、扩大化。比如女友不满的本来只是"男友只玩游戏不理自己"这件事，却给男友贴上了"自私""没本事"之类的标签，对男士进行人身攻击，男士肯定无法接受。所以，你在表达不满时，要记得对事不对人。

二、表达不满的步骤

（1）暖场，表明自己的善意，给予对方愉悦的感受。英国行为学家指出，当人们遭受批评时，往往只会记住开头，对后面的内容根本听不进去，因为他们忙于思索论据来反驳开头的批评。所以，在最开始时，你要避免让对方产生被指责的感觉，避免令他们马上进入抵触状态。暖场可以是拉家常，也可以用赞美开始。

（2）陈述事实，用客观的语言说明引发不满的事情。一定要实事求是，切忌夸大。这是因为，不论你用怎样的言语，你都是在表达不满，而对方肯定会有一些不舒服的感觉。如果你再夸大事实，对方就会如同抓住救命稻草一般，通过反驳夸大的部分进而反驳整体，从而证明"没有这样"或者"没有这样严重"。因此，要实事求是地进行表达，如果你在同一件事上也有错误，最好先认错，不要等到对方指出来。这样做的好处是显得态度诚恳，而且把自己和对方划在统一战线上，暗示对方"我们都可以改善"。

（3）我的感受，引起对方对自身行为的反思。表达不满的时候，你可以用"我的感受是……"来进行说明，让恋人的注意力放在"我"当下的感受上，会更容易理解"我"。如果是用"你怎样……"，就会马上让对方感到自己正在被指责。

态度比言语更重要。如果你因为自己有理，就表现得高高在上、盛气凌人，容易引发无谓的冲突，让自己变成过错方。同时，不要反复强调对方的过错。响鼓不用重锤，你的反复说明只会让恋人更加尴尬。

（4）肯定价值，给予对方改变的动力。虽然他犯了一个错误，但你仍然相信他的本质是好的。这样他才会努力向你希望的方向发展。

（5）表达你的需要和期望，这样他才能明白你想要什么、他可以做什么。

【场景演练】

你的恋人沉迷打游戏，你该如何向他表达不满呢？

女友就可以这样对男友表示不满："亲爱的，你的游戏玩得真好，我特别崇拜你（暖场赞美）。不过，你每天玩游戏都花很多时间，咱们相处的时间比以前少多了（陈述事实）。这段时间，我觉得很寂寞，感觉我们越来越陌生了。我心里很难受！（你的感受，带给你的痛苦）当然，我相信你还是爱我的，大概只是因为一时的兴趣而忽略了我（肯定价值）。我希望你在晚上和我相处的时候，不要玩游戏，多陪陪我，好吗？（你的期望）"

分析：只要指出对方的问题，或多或少地会让对方感到难堪，但使用了情商技巧，就可以将伤害降到最低。表达不满时，我们的态度要温柔真诚，把我们的感受有效地传达给对方，让对方反思自身。我们要记住，表达不满的最终目的是让两个人过得更好，而不是显得自己比对方更高明。

8.3.4 安慰恋人

一、常见的错误安慰方式

我们常遇到这样的情况，爱人遭遇挫折时，或愤怒或伤心，他们的内心很痛苦，我们作为对方最亲密的爱人，应该想办法为其分担痛苦、提供支持，并好好安慰对方，但生活中，因为技巧和表达方面的欠缺会使得你在关心对方时，常常会犯一些情商方面的错误，让情况雪上加霜。

比较常见的错误安慰方式包括以下四种：

（1）指责型安慰。比如你对竞选失败的恋人说："你没竞选上是因为你不够优秀，大家都不选你，肯定是你本身有问题。"虽然你说的可能是事实，但对方此时正处于挫折之中，再面对"不够优秀，本身有问题"这样带有贬损意味的评价，在心理上肯定是无法接受的。为了保护自己的尊严，恋人可能会反过来指责你"我这么难过，你却只会说风凉话"，或者反驳"我哪里不够优秀，我是业绩第一呀"，最后演变成一场争论，让两个人都精疲力竭。

（2）轻视型安慰。比如你对恋人说："不就是一个主管吗？这点儿小事有什么好难过的？"你的本意可能是想让对方不要太过看重挫败，但恋人感受到的却是你高高在上的态度，似乎自己是"小题大做""自寻烦恼"，对方只会觉得自己说的、想的事情，你不能理解。

（3）建议型安慰。这种方式如果再带上一些自我夸耀的成分，引起的反感情绪就会更强。比如："其实，你在竞选时就应该怎样（给建议）""我当初竞选部门经理时是怎样（我当初的荣耀）"，对方的感受会是什么样呢？即使你的建议是对的，对方也会说："你怎么不早说？事后诸葛亮人人都会做。"而如果你的建议中有不合实际的情况，对方会说："你根本不了解情况。我当时是……跟你说了我的伤心事，你却只会瞎出建议，一点儿用都没有，还让我更生气了。"

（4）敷衍型安慰。虽然从字面上看好像是安慰，却是不走心的。比如"既然已经失败了，也没别的办法了，下次再努力吧"，或者"事情已经这样了，还能怎么办呢？想开点儿吧"，这样都是在让对方被动接受，而你给对方的感觉是你并没有真正理解、在意他的心情，只是鉴于彼此的关系，为了安慰而安慰。如果你在安慰对方的同时还在做自己的事情，敷衍的态度就更明显了，往往不会起到安慰的作用，反而让对方更受伤。

【珍爱数据】

珍爱网调查数据显示：最常被采用的安慰方式是敷衍型安慰，其次是轻视型安慰，而选择指责型安慰和建议型安慰的人数最少，如图8-7所示（数据来源于2019年9月，珍爱网问卷调研《谁动了你们的爱情》，样本数量409人）。

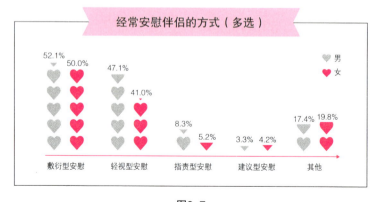

图8-7

指责型安慰和建议型安慰都带有攻击性，因此采取此类错误安慰方式的人比较少，但轻视型安慰和敷衍型安慰因为攻击性较低，只是缺乏共情，看上去也像是在安慰对方，所以常常在生活中见到。你安慰的目的是让对方的心情好起来，应该更多地考虑对方听到"安慰"的话语时的感受。

二、有效安慰的步骤

如果我们遇到过"我好心安慰你，你却对我发火"的事情，多半是我们的安慰方式不对，安慰是给予鼓励和理解，让恋人感受到自己被接纳。我们可以通过四个步骤来安慰对方：

（1）倾听，让恋人说完话，不要着急提建议。当被安慰者处于情绪激动的状态时，会有很强的倾诉欲望。同时，对于不清楚的问题，我们要引导恋人进行倾诉并给予回应，这样做一方面非常有利于恋人发泄情绪，能让恋人在述说的过程中平复情绪，另一方面也有利于我们了解事情的始末，使后续的安慰更有效。

要特别注意的是，在没有确定事情缘由和恋人的情绪状态前，我们提出的任何建议都是片面的，而且会打断恋人的倾诉，所以，我们一定要克制自己发表意见的冲动。

（2）共情，站在恋人的角度想问题。不用急着去判断对错，而是要去理解恋人的逻辑，认可恋人的感情和情绪。比如，对方的逻辑是"我业绩第一，所以应该选我当主管"，他此时的情绪是生气和委屈。"业绩第一应该当主管"不是一个必然的逻辑，如果你指出对方的逻辑错误，他会感到自己再一次被否决。所以，你不需要讨论对错，而要认可恋人产生情绪的原因，接受恋人当时的状态。你理解恋人的情绪越准确，恋人越会感到自己被接纳，并且更愿意分享自己的感受。

（3）表露积极态度。经过前面两步，恋人感到自己被接纳后，情绪会平复很多。此时，我们应予以支持和鼓励。注意，仍然不要提建议，而是用积极正向的态度去解释事情，帮助恋人看到挫折中的正面意义，让恋人认识到：即使遇到了挫折，也有爱人的支持和鼓励，自己是被尊重和关怀的。

（4）提供力所能及的帮助。说得再动听也不如实际为恋人做一些事情。想一想，恋人此时难过，我们能做些什么有益的事情呢？实际的行为，会让我们的安慰更有意义。

【场景演练】

另一半在单位竞选中失败了，按照上述内容你可以这样做：

首先通过提问"怎么了""发生了什么事""为什么会这样"，引导恋人倾诉，同时搞清楚前因后果，为之后的安慰打基础。

其次，通过"你怎么想""你的业绩第一，大家居然没有选你，难怪你会这么失望"和恋人共情，认可恋人产生情绪的原因，帮助其发泄。

再次，给予正面的引导和鼓励，比如："你的业绩很好，能力很强，这是毋庸置疑的。不管别人选不选你，你在我心中是最棒的，这次的竞选失败只是一次意外，下次你肯定能做好，说不定能直接竞选经理呢！"

最后，可以为恋人做一些力所能及的事情，比如："好了，别伤心了，今天晚上换换心情，我带你去吃点儿好吃的。"恋人肯定能被安慰到。

分析：安慰的根本目的是接纳、提供支持、让恋人感受到关注和爱，而不是为他分析和解决问题。所以，在安慰的过程中，你要多关注恋人的感受和想法，不要着急提出意见和解决办法。恋人表示需要意见之后再给出建议。

三、安慰的性别差异

安慰的方式也有性别差异：对于男性来说，最好的安慰是认可，如"在我心里，你是最棒的"；对于女性来说，最好的安慰是情感支持，如"我永远站在你这边，我会一直陪着你"。

8.3.5 拒绝恋人

【珍爱数据】

珍爱网调查数据显示：31.5%的男性和23.3%的女性不太擅长拒绝伴侣不合理要求，19.8%的男性和12.8%的女性很不擅长，如图8-8所示（数据来源于2019年9月，珍爱网问卷调研《谁动了你们的爱情》，样本数量409人）。

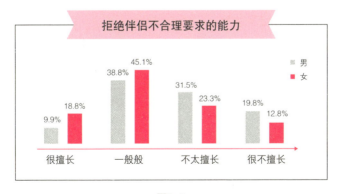

图8-8

当恋人提出了要求而自己又不想答应的时候，大多数人没有说"不"的勇气和技巧，因为害怕拒绝了会令对方不满。但勉强接受的话，一方面自己难以做到，会让自己产生负面情绪，另一方面又害怕在这样的相处中，自己渐渐丧失底线，不利于关系发展。

因此我们要注意：

（1）懂得适时拒绝，才是有底线的人生。

（2）拒绝必然会带来伤害，所以拒绝需要讲究方式方法，才能最大限度地照顾到恋人的颜面，保护你们的感情。注意，拒绝对方之后要有安抚的行为，表达你仍然重视对方。

一、拒绝小要求

对于小要求，你用为难的态度就可以拒绝。

首先，你可以停顿一下。不要小看这个停顿，它制造了一个很微妙的瞬间。在这个短暂的沉默中，无声胜有声，你已经表现出了你的态度——你不能马上答应。不要害怕这个空白时间带来的尴尬，这种尴尬对提出要求的一方的影响会更大，可以让他反思自己的要求是否合理。看到你这样的表现，如果他足够敏锐，或者态度不是很强势，不用你开口拒绝，可能他自己就把请求撤回去了。

当然，有的时候，对方反应不过来或者会直接问："是不是让你为难了？"不论他的态度是什么，你都可以坦诚地表示："嗯，确实有点儿为难。"

二、拒绝难要求

如果对方的要求比较难或者态度比较坚决，你可以用以下三个步骤来拒绝。

（1）先表示理解，肯定你也同意的部分。主要目的是让恋人认识到你接纳和认可的态度，不会在一开始就形成对立。

（2）可以直接指出你不赞同的部分，也可以找个人替自己说"不"，表明自己对抉择无权控制（用什么方法拒绝可以视具体情况进行选择）。

在恋人比较讲理的情况下，或者你判断这件事对他的影响没有那么大时，可以直接指出自己不赞同的部分，但要放低姿态，以真诚为对方考虑的态度，客观地对事情进行说明分析。如果你指出的部分恰巧是他之前忽视的，他就很有可能放弃之前的请求。

当恋人的意愿比较坚定时，为避免直接冲突，你可以找个人替你说"不"，表明自己对抉择无权控制。这样可以拉开双方距离，增加缓冲空间，避免直面冲突。

（3）提出备选方案。这样做的目的是补偿恋人，当恋人的要求你无法满足时，必然会让他感到失望，所以可以适当地弥补他的遗憾。

【场景演练】

恋人希望你在她的生日会上在所有亲朋好友面前唱歌表白，但你是个含蓄传统的人，不太能接受这样高调示爱的表现。

你可以说："亲爱的，我知道你希望能有一个浪漫的生日会，我也很想给你一个特别的、难以忘怀的生日会（第一步：赞美你同意的部分），不过在你的生日会上，你的父母亲朋也会来，我非常想在你爸妈面前给他们留下一个好印象。我想，他们会更欣赏一个能帮你筹办聚会的男朋友，而不是一个高调唱歌示爱的男朋友。我希望他们能觉得我成熟稳重，愿意把你交付给我（第二步：以低姿态指出你不赞同的部分）。而且，我不太会唱歌，我妈妈就曾经说如果我上台唱歌，肯定会吓死人。到时大家那么开心，万一我站在上面唱不出来或者唱得难听就太不好意思了，我可不想给你丢脸（第三步：找个人替你说'不'）。我们两个人的爱情是发自内心的，而不需要借助别人的认可。不过，私下里我是很想唱给你听的，所以我希望生日会之后，你能给我一个两个人单独相处的时间，我带你去一个特别的地方，为你单独进行表演，只有我们两个人，你看好不好（第四步：补偿方案）？"

8.3.6 向恋人道歉

一、为感情道歉

恋人在朝夕相处的过程中，必然会与对方有意见不同的时候，吵架也是很普遍、正常的事情。当关系因为伤害和愤怒产生裂痕的时候，我们应该认识到自身的错误，真诚地向对方道歉，学会去弥补、恢复关系。否则，裂痕一步步加深，最后就会造成关系的破裂。因此，我们掌握了真诚的道歉方式，就可以说是掌握了亲密关系的黏合剂。

关于道歉，常有下列问题：

（1）我没错也要道歉吗？

【珍爱数据】

珍爱网调查数据显示：71.1%的男性和27.4%的女性觉得自己没错时，仍然会向恋人道歉；28.9%的男性和72.6%的女性会因为错不在己而不愿意道歉，如图8-9所示（数据来源于2019年9月，珍爱网问卷调研《谁动了你们的爱情》，样本数量409人）。

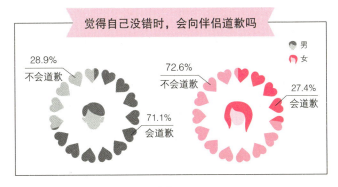

图8-9

恋人之间的道理很多时候讲不清楚，即使大部分的问题在对方身上，即使你在道理上没有错，但坚持自己的意见，而不考虑对方的心情，在感情上也伤害了对方，这并不是你想要看到的结果。道歉并不一定代表自己错了，但能表达你对这份感情珍惜的态度。

数据显示出明显的性别差异，这可能是因为在两性相处中，男性更成熟，认为自己更强大，应该更多地去包容和照顾恋人，而女性则较缺乏这种意识。

（2）我先道歉，对方会因此看低我吗？会不会以后变本加厉？

你有这样的疑问时，其实已经存在了和对方"较劲"的心理，需要调整心态。对方是否会看低你，并不是由一次道歉决定。如果自己没什么错，先道歉的人往往更具有高情商，知道去包容和体谅对方；如果自己有错，先真诚地进行道歉，必然更容易获得对方的谅解。

二、诚恳道歉的步骤

表明态度。当冲突产生后，你回头看看会发现，最初的原因很可能是些鸡毛蒜皮的小事。你并不是因为小事生气，而是因为通过这件小事反映出的对方的态度。道歉的第一步应该是用一种比较明确的方式来表明态度，向对方表明"我意识到了我的错误，愿意进行改正"，这样的行为也表达出自己很重视对方，让对方心安。

在表明态度这部分，你要注意避免使用一些常见的错误方式。

①推卸责任型道歉：道歉时指责对方。例如，你跟恋人道歉时说："我很抱歉我说了难听的话伤害到你，不过这是因为你先说我，我才这么生气的。"此类道歉方式与其说是道歉，不如说是推卸责任，把错误归到对方身上。这样的道歉，不仅不能修复受损的关系，反而会进一步激怒对方，恶化双方关系。

②自我中心型道歉：首先考虑的总是自己的困难。例如，你对恋人道歉时说："不好意思，我迟到是因为塞车，早高峰就是容易堵车。"对方很自然地就会想：既然你也知道有早高峰，为什么不能早点儿出门？此类道歉方式其实是站在自我立场上进行辩解，无法让人感受到道歉的诚意。

③轻视问题型道歉：将事件的性质和影响降低。例如，你跟恋人道歉说"不好意思，我错了，你就不要跟我计较这点儿小事了"，这会瞬间给对方贴上小题大做、无事生非的标签。对方马上会意识到，你其实根本没有理解事情对他造成的伤害。

④敷衍妥协型道歉：虽然从字面上看好像是道歉，却是不诚恳的。例如"我错了"，但没有任何后续的语句，这样做给别人的感觉就是你是为了息事宁人才这么说，其实根本没有意识到自己的错误。而情商更低的人还可能在后面加上一句"行了吧"，这瞬间就会激起对方的怒火。

【珍爱数据】

珍爱网调查数据显示：29.8%的男性和23.3%的女性是只要对方

道歉就不会生气。无论是男性还是女性，最讨厌的都是敷衍妥协型道歉，如图8-10、图8-11所示（数据来源于2019年9月，珍爱网问卷调研《谁动了你们的爱情》，样本数量409人）。

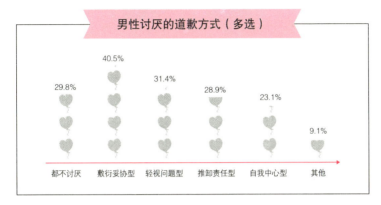

图8-10

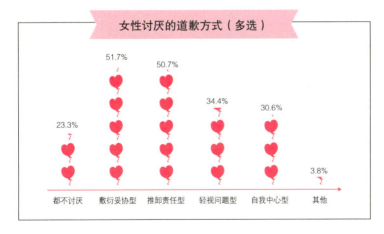

图8-11

以上数据显示，大部分人士会在意恋人的道歉方式。

真诚的道歉应该先表明自己的态度，例如"我知道错了"，然后表示愿意承担相关责任。如果可以，你再说句"我很抱歉给你造成的损失和困扰，我从中得到了经验教训"会更真诚。

然后，你要说明如何弥补。道歉如果只是口头道歉，没有任何改进，那就不是真诚的道歉。所以，道歉后你要说明自己的具体改变步骤，让接受道歉的人感受到诚意。在这个环节中，你可以说说自己想从哪些方面做一些积极调整，如果可以获得对方的意见再进行调整，就让改善变成了双方的合作与进步，你们的关系就可以在最大程度上得到修复。

【场景演练】

王先生和张女士恋爱6个月后，由于王先生的忽视冷落，两个人经常发生争吵，张女士细数了王先生的"罪状"：以前微信回得很及时，现在过好一会儿才回；以前一天打几通电话，现在一天最多一通；以前有时间就找自己约会，现在只有周末才约会，而且约会的时候还经常玩手机。王先生认识到自己这段时间确实忽略了女友，该怎么道歉呢？

"前两天和你吵架后，我反思了自己这段时间的表现，发现我做得确实不好，冷落了你，忽略了你的感受，很抱歉。在这件事情上，我犯了两个错误。其一，我没有意识到感情是需要维系的，没有经常主动去联系你，也没有在你联系我时及时给予回复，让你担心了。其二，我们之间的沟通不够。这方面我要检讨，一直以来，我都习惯把话放在肚子里，即使有什么想法也不愿意说。我一个人是没有问题，但两个人相处就会让你感到不安（表明态度）。以后和你在一起，我一定不会只玩手机不管你了。我带你去你最想去的餐厅，这次你就原谅我吧（如何弥补）。"

分析：很多时候，恋人之间发生了冲突，不只是一个人的问题。事后，能首先去包容和理解对方，检讨自己的错误，努力去修复关系的人，才是高情商的人，才是优秀的人。

8.3.7 避免低情商沟通

在两性关系中，情商很大程度体现在沟通上。和恋人的沟通方式，考验着你经营感情的能力。常见的情商误区是，我以为我这样说很"好"，但事实上，对方感到很"难受"。

你可以培养一个习惯，说出可能会引起争议的话之前，先问自己两个问题：

（1）会给恋人造成什么影响？会不会伤害到恋人？

（2）对自己有什么影响？会不会损害自己的形象？

如果会伤害到恋人、损害自己的形象，那你就不如不说。在和恋人相处时，你要注意避免一些常见的低情商沟通行为。

【珍爱数据】

珍爱网调查数据显示：在和恋人相处中最常见的低情商沟通行为是经常泼冷水，然后是玩笑开过头，其次是打着凡事"为你好"的旗号，最后是当众拆穿你，如图8-12所示（数据来源于2019年9月，珍爱网问卷调研《谁动了你们的爱情》，样本数量409人）。

（1）泼冷水。

小张新买了一幅窗帘，老公却说他同事买了同样的窗帘，太阳一照就褪色；小张穿上特别喜欢的小礼服，老公让她别穿了，还说衣服腰围设计太窄，把赘肉都勒出来了；小张兴冲冲地端着刚买的几盆

图8-12

仙人掌回家，老公说又浪费钱，买这么多也养不活；小张请朋友们吃饭，大家高高兴兴的，只有老公说这家餐馆装修太差，菜还不好吃，下回别来了。

小张应该如何面对这样的老公呢？也许他说的都是对的，但一盆盆的冷水泼下来，两性关系是不是也没有了温度？其实，我们也常常犯这样的错误而不自知，以为提供了正确有效的建议，却忘记了维护恋人的好心情。

（2）玩笑开过头。

马克·吐温说过，幽默是一股拯救的力量。玩笑开对了是幽默，没开对就是侮辱。我们可以用一条标准来衡量玩笑是幽默还是侮辱，即被开玩笑的人是否觉得好笑。

恋人之间的关系是很亲密的，因此有人会产生"我怎么样开玩笑都没关系"的错觉。有的人在言语上开玩笑，如对恋人（特别是女性）说："你怎么胖成这样了啊？！你刚才站这边，我还以为是一根大柱子呢！"有的人在行为上开玩笑，如明知道恋人害怕，还弄些虫子、蛇之类的玩具吓唬恋人。

如果开的玩笑让恋人觉得不好笑，甚至尴尬、愤怒时，这个玩笑就是失败的，属于低情商沟通行为。

如果你也喜欢开玩笑，在展示幽默感之前，不妨花10秒钟想一下被开玩笑的人会是什么感受，如果对方不会觉得好笑，这个玩笑不开也罢！

（3）打着凡事"为你好"的旗号进行干涉、贬损。

小张是素食主义者，很瘦，去相亲的时候，总是碰到男士对她说："我这个人说话比较直，我觉得为了你好还是要说一下。你这样不行啊！这也不吃那也不吃，人瘦得跟小萝卜头一样，很不健康的。"小张后来交到了男朋友，对朋友说："我对我男朋友最满意的地方就是他不会嫌弃我挑食，不会嫌弃我的生活方式，而是直接带我去吃素食。"

你在生活中可能常听见这样的话："你知道，我这个人就是说话比较直！""你是我男朋友，我是为你好，才说这些话！"这样的话，别人对你说过，你可能也对别人说过。仔细品味一下，其实这样的话并不友好，它的言下之意其实是：我知道我接下来说的话会让你不痛快，但我性子直爽（或者是为你好），所以我还是要说。这其实是一个变相的免责条款，先一步撇清自己的责任，让对方连生气的权利都没有。

打着为对方好的旗号，很多人在说了让对方不舒服的话后，不仅没有歉意，反而还有点儿沾沾自喜，觉得自己"真实""勇敢"。但对方的感受又是如何呢？对方听到这种话的时候，心中难免会"咯噔"一下，然后稳住情绪，全心戒备，因为知道接下来必然是让自己不愉快的话，所以要做好情绪管理。

说实话，一定要说的理由究竟是为了对方好，还是因为你无法控制自己，必须"不吐不快"？"说话直"是不会说话的遮羞布，"为你好"是自以为是的标榜，这些都是低情商的表现，高情商的人会照顾对方的感情，委婉地说出自己的想法。

（4）当众拆穿你。

小杨在朋友聚会上说自己最近受到领导重用，说得意气风发时，妻子却当场拆穿道："你可别越说越离谱了，上次你们领导不是还说你工作太粗心了吗？"小杨听了脸色十分难看，饭桌上的气氛一下就变了。

相信每个人都有被拆穿的经历，还记得那时尴尬羞耻的心情吗？尽管知道，但遇到别人犯错时，自己又往往会不自觉地化身"纠错小能手"，并"心直口快"起来。

避免上述常常出现的低情商沟通行为会让两性关系变得更和谐。高情商的人未必是"人见人爱，花见花开"，但你可以先做到修习自身，不要让对方反感和排斥。

情商是一种能力，也是一种素质，它贯穿我们的一生，在两性相处过程中也不例外，提高情商可以在与恋人相处时从细微的点滴生活中体会到愉快心情。